AUS DIR WÄRE BESSER EIN JUNGE GEWORDEN

RESI ZIEGELSCHAF

AF219976

AUS DIR WÄRE

BESSER

EIN JUNGE GEWORDEN

Bibliografische Information der Deutschen
Nationalbibliothek:
Die Deutsche Nationalbibliothek verzeichnet diese
Publikation in der Deutschen Nationalbibliografie;
detaillierte bibliografische Daten sind im Internet über
http://dnb.dnb.de abrufbar.

Herstellung und Verlag: BoD – Books on Demand,
Norderstedt

ISBN: 978-3-7543-1301-5

Inhalt

Vorwort

Begeben sie sich auf eine Entdeckungsreise in das Landleben der 60 und 70 Jahre des vorigen Jahrhunderts. Während in den größeren Städten schon ein modernes Leben gelebt wurde, war das Landleben noch sehr einfach und von vielen Entbehrungen geprägt. Leibchen und kratzige Strumpfhosen tragen zu müssen, gehörten für viele Kinder zum Alltag. Autos auf dem Land waren noch eine Seltenheit. Das Transportmittel der Wahl war das Pferdefuhrwerk, der Trecker, das Moped oder das Fahrrad. Längst nicht jede Familie hatte ein Wasserklosett oder sogar eine vollautomatische Waschmaschine, geschweige denn ein Fernsehgerät.

Die Kinder wurden oft in der Großfamilie großgezogen. Spielzeug in Hülle und Fülle gab es nur selten, sodass Kinder erfinderisch werden mussten, um sich die Zeit zu vertreiben. Den Eltern und jedem anderen Erwachsenen wurde Respekt und Achtung erwiesen. Es gehörte zum guten Ton, dass Mädchen einen Knicks und Jungen einen Diener machten. Dass der Nachwuchs in den landwirtschaftlichen Betrieben ihrer Eltern ab Kindesbeinen an mithelfen musste, war Normalität. Auch Kinder aus der Nachbarschaft wurden, wenn notwendig, mit herangezogen. Sie bekamen oftmals eine kleine Entlohnung dafür. Der Begriff Kinderarbeit war noch nicht so geläufig.

Klare einfache Regeln wie Gehorsamkeit, Verantwortung, Fleiß, Verlässlichkeit, Ordnung und Anstand bestimmten den Alltag der Kinder. Bei nicht Einhaltung wurde in der Regel mit strengen Worten gestraft und im ungünstigsten Fall auch mit körperlicher Züchtigung in Form von Ohrfeigen oder Prügel.

Dies sind die Erinnerungen einer Landwirtstochter aus dem Bergischen Land, die neben Entbehrungen und Arbeit auch die schönen Seiten des Landlebens kennt. Aus heutiger Sicht ist sie froh über diese Kindheit, in der ihr einerseits die Möglichkeit gegeben wurde sich frei zu entfalten und anderseits Werte und wertvolle Tugenden vermittelt wurden.

Ich bin all jenen dankbar,

die NEIN zu mir gesagt haben.

Wegen ihnen habe ich es selbst gemacht.

- Albert Einstein -

DIE VERLOCKUNG

Es war ein Tag im Sommer, ich war dreieinhalb Jahre alt.

Die großen alten Kirschbäume, die im Frühling üppig geblüht hatten, trugen jetzt viele Früchte. Meine Eltern hatten überlegt, die lange Leiter aufzustellen, damit Mama mit der Kirschernte beginnen konnte.

Mein Vater holte schließlich an diesem Abend, nachdem die Kühe gemolken waren, die Holzleiter aus dem Schuppen. Mama half ihm dabei und trug ein Ende der Leiter. Papa nahm das andere, dickere Ende. Gemeinsam gingen sie über den großen Hof und dann durch ein Weidetor. In der Nähe des Zaunes standen die Bäume wie auf einer Perlenschnur aufgereiht. Mama blieb an dem zweiten Baum stehen und drehte ihren Kopf zu Papa. „Wir müssen erst mal gucken, wo wir sie platzieren können", sagte sie zu ihm.

Sie taperte einmal um den Baum und betrachtete die Baumkrone. Plötzlich blieb sie stehen. „Hier ist eine gute Stelle", stellte sie fest und zeigte mit der rechten Hand den Stamm entlang von unten bis oben in die Baumkrone. Er stellte sich neben sie und betrachtete den ausgesuchten Platz. „Da ist aber in der Mitte nicht genügend Auf-lagefläche", bemängelte er an der ausge-suchten Stelle. Sie blickte ihn verständnislos an. „Dann müssen wir halt die Stützen anstellen", sagte sie unwirsch und ging zur Leiter. Papa folgte ihr, nahm das untere, schwerere Ende, an dessen Holmenden zwei V- ähnliche Eisenteile befestigt waren. Gemeinsam trugen sie die Leiter zu der ausgesuchten Stelle. Papa legte sein Ende ab, umfasste eine der Sprossen und blickte zu Mama. „Du musst sie hoch deuen", verlangte er. Mama drückte die Leiter hoch, während ihre Hände an den Holmen weiter glitten. Papa hangelte sich Sprosse für Sprosse in ihre Richtung, bis die Leiter endlich stand. Die schwere Leiter senkrecht in Balance zu halten war gar nicht so einfach. Dann rammte Papa die V - förmigen Teile an die Stelle in den Boden, die er für perfekt hielt und legte das obere Ende in die vorhandene Astgabel.

Mama blickte zufrieden, drehte ihren Kopf und sah mich auf sich zu laufen. Ich war die jüngste von vier Mädchen. Ich stellte mich zwischen Mama und die Leiter und blickte nach oben, dann wieder zu ihr. Sie sah mich ernst an. „Du kletterst da nicht rauf, dafür bist du noch zu klein!", sagte sie energisch und erhob einen Zeigefinger. Eingeschüchtert nickte ich mit dem Kopf. Mein Papa war in der Zwischenzeit im Schuppen gewesen und hatte zwei lange Holzstützen für die Leiter geholt. Er stellte erst eine und dann die andere rückseitig an die Leiter. Dann sagte er zu Mama: „Geh am besten Mal hoch und guck, ob das so gut ist." Mama stieg die Holzsprossen hoch, bis sie etwa in der Mitte der Leiter war. „Wir müssen die Leiter oben noch anbinden, sonst haut der Wind uns sie wieder raus. Das ist zu gefährlich", rief sie erschrocken, denn plötzlich brachte eine Windböe die Leiter ins Wanken. Mama blickte runter zu mir. „Lauf mal in den Kälberstall und hol einen Strick", rief sie mir im Kommandoton zu. Ich lief los, am Zaun der Weide entlang, über den Hof, durch die offenstehende Stalltür bis in den Kälberstall. Ich zog einen der selbstgeflochtenen Sisalstricke vom Haken und flitzte zurück, ein Teil des Strickes schleifte dabei über den Boden. „Hier Mama, ich habe einen Langen für dich", rief ich stolz und reichte ihr ihn hoch. Mama machte eine ernste Miene. „Du hättest ihn ja auch ordentlich tragen können", meckerte sie mich an.

Ich senkte enttäuscht meinen Kopf. Sekunden später drehte ich mich um und lief Richtung Haus. „Nichts mache ich richtig", schluchzte ich. In diesem Moment kam Paula, meine vier Jahre ältere Schwester, mir entgegen. „Was ist?", wollte sie wissen. „Nichts!", gab ich mürrisch von mir und lief an ihr vorbei. Ich lief ins Haus, setzte mich ins Esszimmer und schmollte vor mich hin.

Nach einiger Zeit kamen Papa und Mama auch rein. Meine schlechte Laune hatte sich bis zu diesem Zeitpunkt schon wieder verflüchtigt, und da es jetzt schon spät geworden war, musste ich kurze Zeit später ins Bett gehen.

Zwei Tage später hatte Papa nach dem Mittagessen angefangen, das Heu vom Feld zu holen. Paula und meine andere neun Jahre ältere Schwester Christel mussten ihm helfen. Ich blieb bei Mama zu Hause und half ihr beim Kirscheneinwecken. Christel, Mama und Paula hatten sie bereits am Vormittag gepflückt.

Mama sah zwischendurch immer mal wieder auf die Uhr, denn es wurde immer später und Papa, sowie meine Geschwister waren noch nicht zu Hause. „Renate, wir gehen schon mal in den Stall und holen die Kühe rein", sagte sie plötzlich zu mir. Meine

Oma, die auch die ganze Zeit in der Küche war, fragte: „Soll ich dir helfen Hedwig?" „Nein, lass mal, pass du auf die Kochkessel auf, das ist mir lieber", erwiderte Mama. Mama und ich gingen in den Stall, ein Stück auf dem hinteren Stallgang entlang. Dann öffnete Sie eine der hinteren Stalltüren. „Lauf schon mal vor", befahl sie mir. Ich lief los zu einer Weide, die sich hinter den Stallungen befand.

Ein Teil unserer Kühe stand schon vor dem Tor und muhte laut. „Komm komm", schrie Mama laut und näherte sich dem Tor. Ich war schon seitlich des Tores unter dem Stacheldrahtzaun durchgekrabbelt und lief Richtung der Kühe, die noch weit vom Tor entfernt standen, um sie heranzutreiben. „Komm komm", rief Mama immer wieder und wartete, bis ich die Kühe angetrieben hatte und öffnete dann das Tor. Die Kühe trotteten in Aller-Seelen-Ruhe Richtung Stall und gingen auf ihre Plätze. Mama hatte schon angefangen, sie mit den Gurten festzumachen, als ich die letzte Kuh Martha in den Stall trieb. Ich blieb so lange in dem Durchgang stehen, bis Mama alle Tiere festgebunden hatte.

Plötzlich kam Papa in den Stall, wir hatten gar nicht mitbekommen, dass er und meine Schwestern wieder da waren. „Hedwig, machst du hier weiter? Dann können wir den Wagen abladen", fragte er Mama, während er sich ihr näherte. Mama nickte. Ich lief in die Milchkammer, holte einige leere Milchkannen und stellte sie auf den Milchwagen, der direkt an der Treppe, die in den Stall führte, stand. Als Mama kam und die Melkeimer holte, grinste sie mich an. „Lass mal, ich mache das schon", sagte sie zu mir. „Ich kann das auch schon", gab ich widerwillig von mir. „Ich weiß, aber du bist noch zu klein für so schwere Sachen", erwiderte sie nun energischer. Ich schluckte und ging zu Oma in die Küche zurück. Sie stand am Kohleherd und zog einen Kochkessel von der Feuerstelle. „Oma, immer bin ich zu klein, das ist ungerecht", beschwerte ich mich bei ihr. Oma blickte mich liebevoll durch ihre Hornbrille an. „Kind warte ab, das wird sich noch ändern", sagte sie zuversichtlich. „Aber wann?", fragte ich ungeduldig. „Bald, bald", entgegnete sie und legte Feuerholz nach. Ich blieb einige Minuten bei ihr, dann merkte ich, dass mir langweilig wurde. Immer nur zugucken war mir zu blöde.

Ich lief wieder raus, einmal ums Haus und sah, wie Papa und Christel den Heuwagen entluden. Die beiden standen oben auf dem Wagen, während Paula den Seilzug des Heuaufzuges betätigte. Sie war unten neben dem Wagen und zog auf Kommando am Seil. „Ich will auch mal", sagte ich zu ihr und streckte meine Hand schon Richtung Seilzug aus. „Nein lass das. Dafür bist du noch zu klein!", herrschte sie mich an und zog auf Christels Zuruf wieder an dem Seil. „Renate, geh hier weg, das ist zu gefährlich für dich", rief Papa plötzlich vom Wagen, als er mich erblickte.

Was Papa sagte, war Gesetz!

Also schlurfte ich traurig vor unser Haus und setzte mich für einige Minuten auf die Bank, die dort stand. Meine Beine baumelten vor sich hin und meine Blicke suchten nach etwas, was ich tun konnte.

Nach einigen Minuten verspürte ich Appetit. Ich sprang von der Bank und lief Richtung Kirschenbaum. Ich schaute die Leiter hoch und erspähte die prallen knallroten Herzkirschen, die im abendlichen Sonnenschein noch verlockender aussahen. „Hm, das wäre jetzt genau das Richtige für mich", murmelte ich. In einem Bruchteil von Sekunden hatte ich mich die ersten drei Sprossen hochgehangelt. Der Abstand war groß, aber nicht zu groß. Ich schaffte es gerade so eben von Sprosse zu Sprosse zu kommen.

Nach kurzer Zeit war ich ganz oben am Ende der Leiter. Ich klemmte eine der Sprossen zwischen meine Beine, so wie es meine Geschwister auch machten und konnte so fast freihändig stehen und mir die dicksten Kirschen angeln. Die Kerne spuckte ich in einem hohen Bogen aus und versuchte von Mal zu Mal weiter zu kommen, was nicht immer gelang. Dann blickte ich in die Richtung, wo mein Vater und meine Geschwister waren. „Ihr Feiglinge, ihr Feiglinge", rief ich lauthals in ihre Richtung.

Es dauerte etwas, bis die drei ausmachten, woher die Stimme kam und Christel mich plötzlich durch den Blätterwald erblickte. „Halt dich bloß fest!", schrie sie aus vollem Hals. „Ihr Feiglinge, ihr Feiglinge", rief ich abermals.

In diesem Augenblick war ich unendlich glücklich, etwas zu können, was Paula und Christel sich nicht getraut hatten.

Ich hatte an diesem Vormittag, wo die beiden abwechselnd auf der Leiter standen, mitbekommen, dass sie Angst hatten. Weil es ihnen zu hoch war, wollten sie die Leiter nicht weiter bis zum Ende hochsteigen. Mama hatte zwar immer gesagt, sie würde die Leiter festhalten und aufpassen, dass nichts passiere, aber trotzdem hatten die beiden sich strikt geweigert.

Nach wenigen Minuten standen Papa, Mama, Paula, Oma und Christel am Fuß der Leiter. „Halt dich bloß fest und bleib da stehen!", rief Mama zu mir hoch, als sie mich dort stehen sah. „Ihr Feiglinge, das ist doch nicht hoch, hier oben kann man ganz weit gucken", rief ich stolz und laut zu ihnen hinunter. Ich beobachtete, wie Mama die Leiter emporkletterte. Es wackelte ganz ordentlich, machte mir aber nichts aus. Sie war fast auf meiner Höhe und befahl mir, dass ich mein Bein aus der Sprossenumklammerung wieder zurückzuziehen sollte. Mama stand eine Sprosse tiefer wie ich und hielt sich mit nach oben gestreckten Armen an den Holmen fest. So gab sie mir auch dann Schutz beim Hinunterklettern. Wir stiegen abwechselnd erst sie und dann ich eine Sprosse nach der anderen die Leiter hinunter. Als wir beide unten angekommen waren, schimpften mich alle aus.

Ich hatte ihnen einen gehörigen Schreck eingejagt, aber ich war stolz drauf.

FREIZEITVERGNÜGEN

Meine Schwester und ich waren gleich nach dem Frühstück hinaus auf den Hof gegangen. Während wir beide kreuz und quer über den Hof rasten und fangen spielten, bemerkten wir plötzlich, wie sich zwei Radfahrer unserem Haus näherten. „Tante Alich und Onkel Erich kommen", rief ich aus vollem Hals vor Begeisterung.

Die beiden fuhren an mir vorbei und hielten mit ihren Rädern am Moped-Schuppen. Tante Alich und Onkel Erich kamen uns oft an den Wochenenden mit Ihren Fahrrädern besuchen.

„Tante Alich, Onkel Erich", rief ich ihnen freudestrahlend zu und lief im Eiltempo zu ihnen. Mein Oberkörper war in diesem Augenblick schneller als meine Beine. „Aua!", schrie ich laut auf, nachdem ich auf voller Länge hingefallen war und meinen Kopf etwas hochhob. Ich lag ausgestreckt vor Onkel Erichs Fahrrad auf dem Boden. „Oh Kind, hoffentlich hast du dir nichts getan?", fragte Onkel Erich besorgt und beugte sich zu mir hinunter.

Ich rappelte mich hoch und wischte mit meinen Armen den Dreck und einige anhaftende Kieselsteine von meinem Pullover ab. In meinen Handflächen sah ich die Abdrücke der Kieselsteine, sonst war nichts passiert. Ich blickte an mir hinunter und sah auf die aufgeschürften Knie. Sie bluteten etwas. Tante Alich hatte es schon bemerkt, sie zog sofort ein sauberes Stofftaschentuch aus ihrer Handtasche und kniete sich zu mir. Sie tupfte vorsichtig die Wunden ab. „Aua", wimmerte ich leise. Ich zuckte zusammen, als sie mir ein Steinchen aus der Wunde des rechten Knies gewischt hatte.

Tante Alich erhob sich wieder und sah mich an. „Das muss desinfiziert werden. Geh schon mal rein, ich komme gleich und helfe dir", sagte sie liebevoll und wollte gerade eine

Tasche von ihrem Fahrradlenker nehmen. „Lass Anneliese, ich mach das. Hilf du bitte der Kleinen. Sie hat bestimmt Schmerzen", sagte Onkel Erich mitfühlend. „Das geht schon Onkel Erich, so schlimm ist es nicht. Habe mir schon öfter die Knie aufgeschlagen", gab ich optimistisch von mir und ging mit humpelnden Schritten ins Haus.

„Tante Alich und Onkel Erich sind da", rief ich Mama zu, die gerade vom Esszimmer in die Küche ging. „Habe ich schon mitbekommen", gab sie genervt von sich und verschwand in der Speisekammer.

Ich setzte mich im Esszimmer auf einen Stuhl und schaute auf mein rechtes Knie. Es blutete kaum noch. „Mama, Tante Alich hat gesagt, wir sollen die Wunden an meinen Knien desinfizieren. Wo haben wir das Desi... Desinf... Desinfig...", stammelte ich. „Mama, wo ist das Zeug, wo man Wunden mit reinigt", rief ich lautstark durch die Küche Richtung Speisekammer. „Ich komme gleich, einen Moment noch. So schlimm wird es schon nicht sein", rief Mama gereizt zurück. Nach einigen Sekunden kam sie und sah mich ärgerlich an. Tante Alich und sie waren fast gleichzeitig bei mir. Mama beugte sich herunter und betrachtete meine Verletzungen. „Das brauchst du nicht zu desinfizieren. Die Wunden sind ja fast trocken", ranzte Mama mich an und warf Tante Alich einen verächtlichen Blick zu.

„Aber Hedwig das ist ....", begann Tante Alich besorgt ihr Veto. „Nein, das kann so heilen, da brauchen wir nichts zu machen", herrschte Mama sie an, drehte sich um und ging zurück in die Küche.

Onkel Erich kam ins Esszimmer und stellte die Taschen, die er in seinen Händen trug, in die Ecke neben der Eingangstür. Tante Alich schaute ihn vielsagend an. Onkel Erich nickte verständnisvoll, er hatte gehört, was seine Schwägerin gesagt hatte. Ich blickte die beiden mit traurigen Augen an. Onkel Erich zwinkerte mir zu, während Tante Alich aus einer der Taschen zwei Tafeln Schokolade hervorholte.

„Als kleines Trostpflaster", flüsterte sie leise, gab mir eine Tafel und grinste breit. „Aber nicht alles auf einmal aufessen!", flüsterte auch Onkel Erich und strich mir mit einer Hand über den Kopf. Meine Augen strahlten wieder. Schokolade gab es bei uns so gut wie nie. Es war immer etwas ganz Besonderes für uns Kinder. „Dankeschön. Mache ich nicht, ich teile sie mir ein", sagte ich leise aus voller Begeisterung. Tante Alich drehte sich ein Stück und gab die andere Tafel Schokolade meiner Schwester, die die ganze Zeit an der Türzarge gelehnt zwischen Flur und Esszimmer stand. „Dankeschön Tante Anneliese und Onkel Erich", lächelte meine Schwester, drehte sich um und ging ins Wohnzimmer.

Onkel Erich beugte sich zu mir. „Hast du noch Schmerzen?", erkundigte er sich flüsternd bei mir. Ich schüttelte meinen Kopf, dann hopste ich vom Stuhl und brachte meine Tafel Schokolade erst mal im Esszimmerschrank in Sicherheit.

Einige Zeit später waren Mama, Tante Alich und Oma in der Küche und kümmerten sich um den Abwasch. Onkel Erich ging mit Papa ins Wohnzimmer. Papa zündete sich mit einem Streichholz eine Zigarre an, während Onkel Erich aufstand, in den Flur ging und sein Zigarettenetui aus seinem Jackett nahm. Nachdem er wieder im Wohnzimmersessel Platz genommen hatte, holte er eine Zigarette aus dem Etui und brachte sie mit seinem Feuerzeug zum Glimmen.

Papa und Onkel Erich diskutierten einige Zeit, danach stand Papa auf. „Gehst du gleich raus holzhacken Onkel Erich?", fragte ich neugierig, als er ebenfalls aufstand. Er blinzelte mich an. „Möchtest du mir wieder helfen?" „Ja, das möchte ich, das macht so ein Spaß", entgegnete ich freudestrahlend.

Kurze Zeit später standen wir beide am Holzschuppen. Der Hauklotz stand am Anfang eines rechteckigen Raumes, der von drei Seiten mit Holzwänden umgeben war. Das Beilchen war wie immer in den Hauklotz gerammt.

„Soll ich dir wieder Stücke aus dem Schuppen holen?", fragte ich meinen Onkel, als er das Beilchen aus dem Klotz heraus zog und in seine Hand nahm. „Kannst du gerne machen. Pass aber auf, dass du nicht vom Holz verschüttet wirst", warnte er mich scherzhaft, während ich schon auf den aufgeschütteten Haufen kletterte. Dann begann ich ausgesuchte Holzstücke etwas abseits des Hauklotzes auf einen Haufen zu werfen. Onkel Erich nahm Stück für Stück und machte sie zu Anstoßholz.

„Mach mal Pause", rief er nach einiger Zeit, als er auf den riesigen Stapel Holz sah. Ich kletterte von der hintersten Ecke im Schuppen nach vorne. Immer wieder kamen einige

Stücke ins Rutschen, sodass ab und an einer meiner Füße im aufgeschütteten Holz plötzlich verschwand. „Das müsste auch mal gestapelt werden", sagte Papa plötzlich, als er an Onkel Erich vorbei ging und dann in seiner Werkstatt verschwand. „Das macht ihr besser selber", rief Onkel Erich ihm hinterher, während er schwungvoll mit dem Beilchen ein Stück Kirschbaumholz malträtierte. „Achtung, ich komme", warnte ich laut und merkte, wie die obere Schicht Holz in seine Richtung ins Rutschen kam. Mit lautem Poltern rutschte einiges Holz und ich ihm entgegen. „So viel möchte ich heute aber nicht mehr hacken", scherzte Onkel Erich, als er jetzt die riesige gerutschte Menge Holz liegen sah.

Ich stellte mich neben ihn und klopfte meinen Rock und meinen Pullover ab. „Wie, siehst du denn aus", rief Onkel Erich entsetzt. Er schaute mich mit großen Augen an und begann zu lachen. „Was ist?", fragte ich verdutzt und schaute an mir herab. Außer das an meinem Rock und meinem Pullover noch jede Menge kleinere Holzspäne hafteten, konnte ich nichts Ungewöhnliches an mir feststellen. Auch meine verletzten Knie hatten keine neuen Kratzer abbekommen.

„An dir ist wirklich ein Junge verloren gegangen, da hat dein Vater völlig recht", sagte er, als er sich beruhigt hatte. „Warum, ich habe doch nichts Schlimmes gemacht." Ich war verwirrt und machte ein ungläubiges Gesicht. Onkel Erich blickte mich mit sanften Augen an. „Du hast nichts gemacht. Aber die meisten Mädchen gehen vermutlich sorgsamer mit ihrer Kleidung um als du", erklärte er. „Das ist gemein. Ich kann doch nix dafür, wenn das Holz an meinen Sachen kleben bleibt", schimpfte ich ihn wütend aus und stampfte mit einem Bein auf den Boden. Mein Onkel versuchte einen ernsten Gesichtsausdruck zu machen und strich mir zärtlich über den Kopf. „Das war nicht so gemeint!", erwiderte er entschuldigend.

Nach einigen Minuten des Schweigens waren alle Unstimmigkeiten verflogen und Onkel Erich hackte weiter Holz und ich packte das Anzündholz in Kisten.

DIE LEDERHOSE

Es war ein wunderbarer Sommertag im August. Mama begann mit den Vorbereitungen für das sonntägliche Mittagessen. Wie immer gab es ein Drei-Gänge-Menü. Tante Alich und Onkel Erich hatten ihren Besuch für den heutigen Tag angekündigt.

Meine Schwester und ich hatten uns wie jeden Sonntag unsere Sonntagskleidung angezogen. Ich hatte ein von Mama selbst genähtes Blümchenkleid, weiße Söckchen und meine neuen Lacklederschuhe an. Meine Schwester trug einen dunkelblauen Faltenrock, eine weiße Bluse mit Rüschen, Kniestrümpfe und ebenfalls Lackschuhe.

Damit wir uns nicht schmutzig machten, mussten wir eine Latzschürze anziehen. Mama hatte sie selber genäht und die Kanten der rot karierten Schürzen mit weißer Zackenlitze abgesetzt.

Die Haustür und die Zimmertüren standen aufgrund des schönen Wetters schon seit den frühen Morgenstunden offen. Wir halfen unserer Mutter in der Küche, so gut wir konnten. Mama ließ uns probieren und fragte uns, was für Gewürze eventuell noch fehlen würden. Meine Schwester und ich stritten gerade um den Salzgehalt des Kartoffel-wassers, als plötzlich eine weibliche Stimme aus dem Flur zu uns schallte „Hallo, guten Morgen, wir sind schon da", rief jemand. „Das ist Tante Alich", jauchzte ich freude-strahlend, verließ meinen Platz neben Mama am Herd und lief zu den Neuankömmlingen in den Flur.

„Du siehst heute aber schick aus, wie eine junge Dame", sagte Tante Alich erstaunt, als sie mich erblickte. „Heute ist doch Sonntag", antwortete ich keck. Tante Alich begann zu lächeln. Sekunden später kam auch Onkel Erich zur Haustür herein. Er trug einige

Taschen in seinen Händen. „Wo soll ich sie dir hinstellen, Anneliese?", fragte er und grinste mich dabei an. „Trag sie rauf zu Mutter ins Zimmer. Ich packe sie nachher aus", erklärte Alich und deutete mit einer Hand die Treppe hinauf.

„Guten Tag Anneliese, seid ihr wieder wohlbehalten in der Heimat eingetroffen?", fragte Papa seine Schwester lächelnd und reichte ihr seine Hand. „Ja sind wir, wir haben uns im Urlaub sehr gut erholt!", erwiderte sie grinsend und warf einen kurzen Blick nach oben zu ihrem Mann. „Erich, lass die Sachen für die Kinder bitte noch oben", sagte Tante Alich zu ihm, als sie ihn mit einer der Taschen wieder hinunterkommen sah. „Was habt ihr den mitgebracht?", fragte ich neugierig und beobachtete, wie Onkel Erich die Tasche wieder zurück in Omas Zimmer stellte. „Da musst du dich noch etwas gedulden", sagte Tante Alich geheimnisvoll. „Was ist es denn? Darf ich raten und du sagst dann heiß oder kalt?", bohrte ich jetzt intensiver nach. „Du wirst bis nach dem Mittagessen warten müssen", konterte Onkel Erich, als er die Treppe herunter kam. Er blickte mich ernst, aber liebevoll an. „Schade", schnaufte ich leicht enttäuscht. „Wir gehen jetzt erst einmal deine Mutter in der Küche begrüßen", sagte Tante Alich, machte auf ihrem Absatz kehrt und ging zu Mama.

Als der Tisch schließlich abgedeckt war, ging Onkel Erich die Treppe hinauf und kam mit zwei vollen Taschen zurück ins Esszimmer. Mama, Papa, Oma, Tante Alich, meine Schwester und ich standen am Tisch. Ich blickte mit Spannung auf die beiden Taschen, die Onkel Erich abgelegt hatte. Er drehte seinen Kopf zu Tante Alich. „Hol du die Sachen heraus", sagte er und ging einen Schritt zurück.

Tante Alich nahm eine Tasche und zog ein zusammengefaltetes Stück Stoff hervor. Sie faltete es langsam auseinander und hervor kam ein wunderbares Trachtenkleid. Sie hielt es meiner Schwester hin. „Das müsste dir in etwa passen. Es ist vielleicht noch ein wenig zu groß, aber da wächst du mit Sicherheit rein." Meine Schwester hielt es sich nun selber vor und beugte sich leicht nach vorn, zog mal hier und zog mal da. „Das sieht sehr schön aus", grinste sie und legte sich das Kleid über ihren Arm. „Warte, hier habe ich noch eine passende Bluse und noch zwei weiße Strumpfhosen für dich", sagte Tante Alich und reichte ihr die Tüte samt Inhalt. „Ich werde gleich mal hochgehen und es anprobieren", erwiderte meine Schwester und verschwand.

„Und, dann ist die bestimmt für mich." Ich konnte nicht mehr an mich halten und wollte schon die Tasche greifen, die noch auf dem Tisch lag. „Sei nicht so vorwitzig. Du wirst ja wohl noch solange warten können, bis deine Tante dir die Sachen herausholt", tadelte Mama mich und blickte dabei mit strenger Miene. „Mache ich ja, Mama", sagte ich leise, senkte meinen Kopf, zog meine Hand zurück und schmollte. Tante Alich zog die Tasche näher zu sich heran. Dann griff sie hinein und holte ein kleines, in Zeitungspapier eingewickeltes Päckchen heraus und legte es vor mir auf dem Tisch ab. „Das ist für dich. Dein Onkel meint, das wäre genau das, was dir fehlen würde", schmunzelte sie. Ungeduldig, wie ich war, begann ich es sofort aufzureißen. Ich erblickte etwas graues Lederartiges, das sorgsam zusammen gelegt war. „Was ist das?", wollte ich von Onkel Erich wissen und sah ihn fragend an. „Schau es dir an, dann wirst du erfahren, was es ist." Ich hob das Lederteil hoch und merkte schnell, dass es eine Lederhose war, wie sie die bayrischen Jungen trugen. Mein Gesichtsausdruck sagte wohl mehr, wie ich in Worte fassen konnte. „Du wirst doch noch zum Jungen", sagte Papa und fing plötzlich an zu lachen. „Die geht so schnell nicht kaputt", meinte Mama erleichtert. Sie dachte vermutlich an die vielen [1]Fünfen, die ich in

---

[1] Fünf: Umgangssprachlich für Riss oder Loch in der Kleidung

letzter Zeit in meine Röcke und Kleider gemacht hatte. Oma huschte ein Lächeln übers Gesicht. Tante Alich grinste und griff noch mal in die Tasche. Sie holte ein passendes Hemd heraus. „Hier, zieh dich doch bitte mal um. Wir möchten gern sehen, wie es dir steht", sagte sie und reichte mir das Hemd und noch ein paar dazu passende Kniestrümpfe. Ich nahm die Sachen und lief ins Wohnzimmer.

Nach wenigen Minuten war ich umgezogen und ging mit meiner kurzen Lederhose, dem blau-weiß karierten Hemd und den beigefarbenen Kniestrümpfen Richtung Esszimmer. „Oh, das steht dir gut", lächelte Onkel Erich, der mich als Erster erblickte. „Zeig mal her." Mama winkte mich zu sich heran. „Das hast du aber noch nicht richtig gemacht, die Träger sitzen viel zu locker. Komm, ich mach dir das mal anständig", sagte sie und zupfte hier und da, bis es ihrer Meinung nach gut war. „Die Knopflöcher sind aber sehr eng, ich habe vorhin die Knöpfe vom Latz kaum zu bekommen", sagte ich ärgerlich „Die werden sich noch etwas dehnen", erklärte meine Tante, die mich von oben bis unten musterte. Ich drehte mich im Kreis, damit auch alle sahen, wie gut ich mich in den Sachen fühlte.

Einige Minuten später kam auch meine Schwester herunter. Das Trachtenkleid, das Tante Alich ihr gekauft hatte, passte wie angegossen. Meine Schwester wirkte durch die passenden Bewegungen plötzlich sehr damenhaft. „Wie siehst du denn aus, das passt ja zu dir wie die Faust aufs Auge", lachte sie mich hämisch an. „Hör auf! Ich finde, dass die Hose mir gut steht. Hat wenigstens nicht jeder so eine schicke Lederhose", erwiderte ich stolz. Tante Alich musste lachen, und schwieg. „Das ist schön, dass sie dir so gut gefällt", lächelte Onkel Erich zufrieden. „Räum die Sachen aus dem Wohnzimmer weg, die Hose kannst du von mir aus schon anlassen. Dann kannst du auch noch etwas raus gehen und spielen, wenn du willst", äußerte Mama im leichten Befehlston.

Ich trug die Hose sehr gerne und fühlte mich wohl darin.

Bis zu jenen Tag, an dem ich ganz, ganz dringend Pipi machen musste. Weil sich bis zu jenem Tag die Knopflöcher noch nicht genügend geweitet hatten, bekam ich die Hose nicht rechtzeitig ausgezogen. Was anschließend passierte, kann sich wohl jeder vorstellen.

Da die Lederhose nach diesem Missgeschick sehr unangenehm zu tragen war, hatte ich sie nur noch ein oder zwei Mal angezogen.

ES WAREN NUR MÄUSE

Es war im späteren Frühjahr und ich hatte endlich einmal schulfrei. Papa saß am Esstisch, er nahm gerade sein zweites Frühstück zu sich. Mama hatte sich auch an den Tisch gesetzt und trank Milch. Neugierig, wie ich immer war, lauschte ich auch dieses Mal, was sich die beiden erzählten.

Nach einiger Zeit sagte Papa: „Hedwig, ich fahre gleich los und mähe oben die lange Weide für Silage. Das Wetter hält sich einige Tage." Mama sah ihn lächelnd an und nickte. „Mach das! Und …" „Papa darf ich mit?", platzte es vorlaut aus mir heraus. Mama warf mir einen tödlichen Blick zu. „Kannst du nicht warten! Wenn Erwachsene sich unterhalten, hast Du still zu sein!", ermahnte sie mich mit erhobenem Zeigefinger, weil ich ihr ins Wort gefallen war. Reumütig senkte ich meinen Kopf. „Entschuldigung", gab ich kleinlaut von mir.

„Du kannst mitfahren", sagte Papa einige Minuten später zu mir und grinste mich an. Ich sprang von meinen Platz auf und machte vor Freude einen Luftsprung.

Dann lief ich ins Wohnzimmer und suchte in einer von Papas Schreibtischschubladen nach einer leeren Holzzigarrenkiste. Mein Vater ging währenddessen durch den Hintereingang nach draußen zum Trecker.

„Mama, hat Papa keine große leere Kiste mehr?", fragte ich laut vom Wohnzimmer durch den Flur ins Esszimmer. „Was willst du denn damit?", hörte ich sie erwidern. „Ach, die brauch ich", antwortete ich laut und leicht genervt zurück. „Ich weiß nicht. Da musst du selber gucken. Wenn da keine Große mehr drin ist, hat er wahrscheinlich keine mehr", sagte sie und stand plötzlich hinter mir, während ich in der Schublade herumkramte. „Da ist doch eine", gab ich erfreut von mir, machte den Deckel auf und blickte auf zwei Zigarren, die noch darin lagen. Schnell nahm ich sie heraus und legte sie in die andere flachere Zigarrenkiste. Mit meinem Ober-schenkel schob ich die Lade mit einem lauten Knall wieder zurück und schlug die Tür fest zu. „Das geht auch ordentlich und nicht so wüst, wie du es machst", herrschte Mama mich an. „Ich habe es aber eilig", rechtfertigte ich mich und klemmte die Zigarrenkiste unter meinen Arm.

Dann lief ich an ihr vorbei. Ich wollte so schnell wie möglich zu Papa. Ich hörte, wie Mama mir noch etwas nachrief, aber ich war zu schnell draußen.

Papa hatte den 11er-Deutz schon angeworfen und saß auf seinem Fahrersitz. Er setzte den Trecker langsam in Gang. „Ich komme!", rief ich ihm zu und übersprang zwei Stufen der Treppe, die von der Milchrampe auf den Innenhof führte.

Nach einigen Metern hatte ich den Trecker erreicht und kletterte über die Ackerschiene hoch, während Papa mit dem Trecker weiter vorwärts rollte. Ich pflanzte mich auf die

Sitzbank, die sich auf einem Kotflügel befand, während Papa etwas mehr Gas gab.

In diesem Augenblick war ich überglücklich und strahlte meinen Papa an. Er sah die Kiste unter meinem Arm klemmen. „Was willst du denn damit?", hakte er neugierig nach, während er über den Hof Richtung der großen langen Weide fuhr. Ich grinste. „Das soll eine Überraschung werden", lächelte ich geheimnisvoll und presste die Kiste noch fester an mich.

Nach einigen Minuten waren wir durch das Weidetor gefahren und Papa stoppte den Trecker. Ich blieb sitzen und schaute zu, wie er den Mähbalken zum Mähen fertigmachte. Nach wenigen Handgriffen setzte sich Papa wieder, nahm einen Hebel, zog ihn hoch und der Mähbalken senkte sich auf den Boden ab. Er arretierte den Hebel, trat die Kupplung durch, legte einen Gang ein und betätigte einen weiteren Hebel. Dann gab er etwas Gas und lies die Kupplung langsam kommen. Der Trecker und das Hin und Her laufende Messer im Mähbalken setzten sich in Bewegung. Papa fuhr vorsichtig und konzentrierte sich auf das noch stehende Gras vor dem Mähbalken. „Da können sich noch Rehkitze versteckt halten. Ich will den Tieren nicht die Beine abmähen", äußerte er besorgt und schaute mich kurz mit ernster Miene an. Bei den ersten beiden Runden guckte ich ab und an mit. Dann kletterte ich von meinem Sitz und stellte mich auf die Ackerschiene. Durch die am Mähbalken angebrachten Scheitelbretter fiel das Gras geordnet in Reihen hinter dem Mähbalken auf die Erde. Dazwischen war ein Streifen, der nur die kurzgemähten Grasstoppeln zeigte. Genau hierhin wendete ich meine Aufmerksamkeit. Das war mein Jagdrevier. Ich blickte mit Argusaugen auf diesen Streifen. „Was machst du da?", erkundigte sich Papa nach einigen Minuten. „Nichts Schlimmes. Ich pass schon auf, dass mir nichts passiert", antworte ich und sprang hinunter, während Papa weiterfuhr.

Blitzschnell schoss meine rechte Hand zum Boden vor, mein Daumen und Zeigefinger hielt wie in einer Zange den Schwanz einer Feldmaus fest. „Hab ich dich", rief ich freudig. Das Tier versuchte sich zu winden. Die Zigarrenkiste hatte ich in der linken Hand. Ich öffnete sie schnell, lies die Maus hineinplumpsen und drückte den Deckel zu. Dann lief ich zum Trecker und stellte mich wieder in Spähposition.

„Was machst du?", fragte Papa nun energischer nach und warf einen kurzen, aber strengen Blick zu mir. Jetzt konnte ich mich nicht mehr um eine Antwort drücken, das spürte ich. „Ich fange Mäuse für die Katzen", sagte ich. „Du hast auch nur Flausen im Kopf", grinste Papa mich kurz an und schaute dann wieder vor den Mähbalken.

Nach einiger Zeit lief wieder eine Maus auf der Weide herum. Ich machte die gleiche Prozedur wie vorhin. Da ich aber schon eine

Maus gefangen hatte, konnte ich den Deckel nicht so schnell öffnen. Die Maus in meiner Hand verbog sich so geschwind, dass das blöde Tier mich in einen Finger beißen konnte. Wutendbrand lies ich sie fallen und lief nach Hause.

Mama war dabei, den Garten umzugraben. „Mama, Mama, mich hat eine Maus gebissen, blödes Viech", rief ich ihr zu, als ich mich näherte. Mama rammte ihren Spaten in die Erde. „Wieso beißt dich eine Maus?", fragte sie erstaunt und verzog ihr Gesicht. Ich erzählte ihr, was ich gemacht hatte und klopfte vorsichtig auf die Kiste, die ich mit einer Hand festhielt. „Du musst die Mäuse auch im Genick packen, dann passiert so etwas nicht", grinste Mama mich schadenfroh an. „Aber wie soll ich das denn machen, die sind doch viel zu schnell?", fragte ich ein wenig patzig und sah sie ratlos an. „Das kann ich dir auch nicht sagen. Da musst du halt üben oder dich beißen lassen", sagte Mama desinteressiert und nahm den Spaten wieder in die Hand.

Mit gesenktem Kopf verließ ich nachdenklich den Garten und lief dann so schnell ich konnte wieder zu Papa. Ich wartete am Tor der Weide, bis Papa sich mit dem Trecker wieder näherte. „Na hast du die Nase voll vom Mäusejagen oder warum machst du so ein trauriges Gesicht?", fragte Papa, als ich wieder auf der Ackerschiene stand. „Nein, die blöden Viecher beißen, wenn ich sie am Schwanz festhalte. Mama hat gesagt, ich soll sie im Genick packen. Aber ich weiß nicht, wie ich das anstellen soll. Hast du eine Idee?" Papa lachte laut auf und fuhr weiter. „Du musst schnell sein, sehr schnell, dann können sie dich nicht beißen", sagte er und drehte für einen Augenblick sein Gesicht in meine Richtung.

„Eine Maus habe ich ja schon", murmelte ich leise vor mich hin und blickte wieder mit Argusaugen auf mein Jagdrevier.

Es dauerte einige Zeit, aber ich hatte es schließlich geschafft und drei Mäuse befanden sich in meiner Kiste. Papa hatte zu diesem Zeitpunkt die Weide fast fertig gemäht. Als er bei der vorletzten Runde am Tor vorbei kam, stand Paula dort und winkte. „Ihr sollt zum Essen kommen", rief sie uns zu. Als wir auf ihrer Höhe waren, sprang ich mit der Kiste vom Trecker. Papa rief ihr zu: „Ich mache noch die Runde fertig, dann komme ich."

Ich ging zu meiner Schwester. „Was gibt es denn zu essen?", wollte ich wissen. Paula schüttelte ihren Kopf. „Weiß nicht, aber was hast du unter dem Arm?", wollte sie wiederum neugierig wissen. „Nichts wichtiges", gab ich mich geheimnisvoll und presste die Kiste mit beiden Händen fest zu. Wir gingen zum Haus. „Sag doch, was ist in der Zigarrenkiste?", löcherte meine Schwester mich weiter. „Nichts für Dich!" Ich wurde nun patziger. „Mensch, sag doch!", nervte sie mich jetzt. Ich ging langsamer und blieb stehen. „Nun zeig doch endlich!" Paula wurde zunehmend ungehaltener und versuchte nach der Kiste zu greifen. „Lass die Finger davon, das sind meine!", schimpfte ich und zog die Kiste ganz nah an meinen Bauch. „Stell dich doch nicht so an, zeig doch endlich her!", schrie sie und wollte abermals nach der Kiste greifen. „Nein, das ist meine, die kriegst du nicht!", motzte ich sie an und überlegte kurz. „Aber wenn du so unbedingt willst, dann warte einen Moment", schnauzte ich sie wütend an und drehte ihr meinen Rücken zu. „Und nicht gucken", ermahnte ich sie. Die Mäuschen waren schon etwas länger in der dunklen Kiste, die keine Luftlöcher hatte. Ich öffnete ganz vorsichtig den Deckel und lugte durch einen Spalt hinein. Die Mäuschen duckten sich verängstigt. Ich erspähte einen Schwanz und packte ihn. Dann zog ich daran und versuchte mit der andern Hand Deckel und Kiste möglichst schnell wieder zu zuhalten, ohne die zwei anderen Tiere zu sehr aufzuscheuchen.

„Mensch beeile dich! So schwer kann das ja nicht sein den Deckel der Kiste zu öffnen", nörgelte meine Schwester und linste über meine Schulter. In diesem Augenblick hatte ich es geschafft, den Deckel wieder zu zukriegen. Ich drehte mich blitzschnell um und hielt ihr die am Schwanz baumelnde Maus genau vor die Nase.

Meine Schwester erschrak und machte einen Satz nach hinten. „Ihhhh Mäuse", schrie sie laut. Ihr Gesicht verlor jegliche Farbe und der pure Ekel zeigte sich. Ich näherte mich langsam Schritt für Schritt und hielt ihr die Maus abermals vor die Nase. „Du warst doch soooo neugierig und wolltest unbedingt wissen, was in der Kiste ist. Soll ich die anderen zwei auch noch rausholen?", fragte ich schadenfroh. „Hau ab, ich mag keine Mäuse", brüllte sie mich plötzlich an.

Ich war so damit beschäftigt, mich über die Reaktion meiner Schwester zu freuen, dass ich nicht mehr sonderlich auf die Maus in meiner

Hand achtete. „Au. Blödes Viech", rief ich entsetzt, ließ die Maus fallen und stellte fest, dass jetzt einer meiner Finger blutete. „Das hast du jetzt davon", lachte meine Schwester jetzt ebenso schadenfroh. „Blöde Kuh", schimpfte ich zurück und putzte meinen blutenden Finger am Rock ab. „Wo bleibt ihr?", rief Mama plötzlich laut über den Hof. „Wir kommen ja", riefen wir beide fast gleichzeitig zurück und liefen zu Mama. Sie stand neben den Hauseingang. „Die Kiste lässt du aber draußen. Leg einen Stein drauf, sonst hauen sie dir noch ab", sagte Mama zu mir.

„Du wusstest das?", fragte meine Schwester entsetzt, während ihr Mund für mehrere Sekunden offenblieb. Mama nickte. „Die hat mich damit geärgert", sagte sie zu Mama ärgerlich und zeigte mit einem Finger auf mich. „Und? Du wolltest unbedingt wissen, was in der Kiste ist", meckerte ich zurück. „Müsst ihr wieder streiten, jetzt ist Schluss damit. Ihr zwei vertragt euch jetzt. Habt ihr mich verstanden!" Mama blickte uns plötzlich ernst an. Meine Schwester und ich trauten uns nicht in diesem Moment etwas zu sagen.

Mama hatte für diesen Tag das Amen in der Kirche verkündet.

DIE RÄUBER SIND DA

An einem Sonntag im Juli hatte sich Onkel Erich nach draußen begeben und sich für einige Minuten auf die Bank gesetzt, die vor dem Haus stand.

Er widmete seine Aufmerksamkeit den Vögeln, die in Richtung Kirschbäume flogen. Er beobachtete, wie jede Menge Stare und einige Wildtauben in den Bäumen landeten und sich an den ersten dunkelroten Kirschen gütlich taten.

„Die plündern schon die letzten Tage ganz ordentlich. Wir hatten noch nie so früh so viele Vögel in den Bäumen. So schlimm wie jetzt war es noch nie", meinte Papa ärgerlich, der sich währenddessen dazugesetzt hatte. Ich stand auch dabei und wollte natürlich bei dem Gespräch der Großen mitmachen.

„Mama hat die letzten Tage auch schon ordentlich geschimpft. Wir versuchten sie mit Krach machen zu vertreiben. Aber das hatten die blöden Viecher auch ganz schnell raus. Wenn wir da sind, verziehen sie sich und wenn wir wieder weg sind, kommen sie zurück und klauen die Kirschen."

Einige Minuten schauten wir still zu.

„In Italien und anderen südlichen Ländern schießen sie die Vögel einfach ab", äußerte Onkel Erich beiläufig, während er weiter die Einflugmanöver der Vögel beobachtete. „Ich weiß, ich habe auch schon davon gehört. Aber Erich, ich kann mich nicht den ganzen Tag unter die Bäume setzen und sie mit der Flobert abschießen. Ich habe noch andere Arbeiten, die erledigt werden müssen", gab Papa missmutig von sich und klatschte auf einmal in seine Hände.

Mit lautem Getöse flogen plötzlich einige Dutzend Stare aus dem Baum. „Das sind bestimmt 150 Tiere, wenn nicht noch mehr. Und die Kirschen sind noch nicht mal reif. Die räubern ganz schön", äußerte Onkel Erich leise und nachdenklich.

Kurze Zeit später holte er sein Zigarettenetui hervor und zündete sich eine Zigarette an. „Die sind schon wieder fast alle reingeflogen", sagte Papa, der die Bäume die ganze Zeit über nicht mehr aus den Augen gelassen hatte.

Als Onkel Erich seine Zigarette zu Ende geraucht hatte, blickte er erwartungsvoll zu Papa. „Kann ich deine Flobert und deinen Sitzstock haben? Das wäre doch gelacht, wenn wir nicht der Sache Einhalt gebieten könnten", sagte Onkel Erich zuversichtlich, blickte mich an und zwinkerte. „Darf ich die Sachen holen? Ich weiß, wo sie stehen." Ich sah Papa fragend an. Papa nickte zustimmend. „Pass aber auf und ecke nirgends mit der Flinte an, die Patronen liegen in der Schublade, oben rechts." Ich lief im Eiltempo ins Haus, holte den Sitzstock aus dem Schirmständer der Garderobe und brachte ihn Onkel Erich. „Hier, das andere kommt noch. Kannst ja schon mal vorgehen, ich beeile mich. Ich will dabei sein, bin auch ganz leise", sagte ich schnell, drehte mich um und flitzte ins Wohnzimmer. Ich zog eine der Schreibtischschubladen heraus und suchte das Kistchen mit den Neun-Millimeter Patronen. „Papa, hier sind keine kleinen Patronen! Hier sind nur die Schrotpatronen, die Kugelpatronen und die Dose mit den Luftgewehrkugeln", rief ich lautstark in Richtung der offenstehenden Haustür. „Doch, die sind da!", hörte ich Papas Stimme näher kommen. Sekunden später stand er neben mir und zog eine weitere Schublade heraus. „Da unten stehen sie doch", sagte Papa leise, griff nach dem Pappkarton und reichte ihn mir. „Halt fest", sagte er, dann umfasste er den Lauf der Flobert, die in der Ecke neben dem Schreibtisch stand, und drückte mir die Flinte in die andere Hand. „Pass auf und geh vorsichtig damit um! Du weißt, dass das kein Spielzeug ist!", mahnte Papa mich mit strenger Miene. So bewaffnet ging ich langsam hinaus zu meinem Onkel. Er hatte sich am Stamm des Kirschbaums in Position gebracht. „Hier, Papa hat mir alles gegeben", sagte ich lächelnd und reichte ihm die Waffe und dann die Munition. Dann hockte ich mich neben ihm auf den Boden. Onkel Erich öffnete die Waffe und legte eine Patrone ein. Die Flinte war jetzt schussbereit und wir beide warteten. Es dauerte nicht lange, bis viele Stare wieder in den Baum eingeflogen waren. Onkel Erich legte an, zielte und schoss. „Getroffen!", rief ich freudig und beobachtete, wie der getroffene Vogel auf den Boden plumpste. Die anderen Vögel hatten den Baum fluchtartig verlassen, während der Schuss viel. „Jetzt müssen wir wieder warten", flüsterte Onkel Erich und bestückte die Waffe wieder mit Munition. Es verging mehr Zeit, bis sich wieder einige Tiere trauten, in den Baum zu fliegen. Onkel Erich nahm die Waffe, peilte einen Vogel an und schoss wieder. Abermals musste ein Vogel sein Leben für unsere Kirschen lassen.

Am späten Nachmittag stand Tante Alich in der Haustür und rief laut nach uns. „Kommt ihr beide jetzt rein. Es gibt gleich Kaffee und Kuchen." Die Vögel blieben von Tante Alichs lautem Rufen unbeirrt und pickten weiter an den Kirschen. Onkel Erich visierte genau in diesem Augenblick ein Tier an und Sekunden später viel der Schuss. Wieder plumpste ein Vogel aus dem Baum, während die anderen flüchteten. „Kommt ihr bitte", rief Tante Alich noch mal. „Ja wir kommen", rief ich lautstark zurück und hielt Ausschau, wo der Vogel hingefallen war. „Wir sammeln sie alle ein und geben sie deinem Vater", sagte Onkel Erich und ergriff drei der toten Tiere an den Flügelspitzen. Ich nahm die Pappschachtel mit den Patronen und noch zwei Stare, die ich ebenfalls an den Spitzen ihrer Schwingen anfasste und folgte meinem Onkel. „Aber sie sind schon scheuer geworden", meinte Onkel Erich zufrieden, wie wir uns dem Haus näherten. „Oh, da hast du aber viel erlegt!", gab Tante Alich erstaunt von sich. Sie wartete an der Haustür auf uns. Onkel Erich nickte und gab ihr die Waffe. „Wir bringen die Vögel noch eben weg, sie müssen ja nicht vor der Haustür liegen bleiben", sagte er und lächelte sie an.

Danach gingen wir ins Haus und genossen den wohlverdienten Kaffee und Kuchen.

HEISSE KARTOFFEL

Mama hatte einen gutgebrauchten Elektroherd geschenkt bekommen. Den alten Küppersbusch Kohleherd mit Reling hatte sie aus der Küche verbannt und vorerst im leer stehenden Hühnerstall zwischengeparkt. Mama hatte die Hühner vor längerer Zeit geschlachtet, weil Papa den Stall renovieren musste.

Es war ein wolkiger Tag am Ende der Osterferien. So gegen zehn Uhr ging ich in den Kuhstall, holte mir einen Besen und schlenderte damit Richtung Hühnerstall. Ich zog die Tür auf und blickte auf den Küchenherd, der fast mitten im Raum stand. Ringsum hingen an den Bretterwänden viele neue und alte verstaubte Spinnweben. Es sah einfach nur gruselig aus. Ich schwang den Besen und kehrte die Spinnweben weg. Dabei lief ab und an eine dicke Winkelspinne aus ihrem Versteck.

In diesem Augenblick wurde der Besen zu meiner Waffe, mit dessen Borsten ich die Spinnen ermordete. Mama hatte mir mal erklärt, dass sie nichts tun würden und sehr nützlich seien, aber ich mochte sie trotzdem nicht und fand sie eklig.

Nachdem der Raum einigermaßen sauber war, stiefelte ich gut gelaunt den Besenstiel auf meinem Zeigefinger balancierend, zurück zum Stall. „Ach, hier bist du. Was machst du da? Essen ist fertig", sagte Mama erstaunt zu mir und blickte mich fragend an. Sie stand auf der Treppe, die von der Waschküche in den Stall führte, als ich hereinkam. Ich stellte den Besen in die Ecke zurück und sah sie strahlend an. „Ich habe den Hühnerstall gekehrt, da waren so viele Spinnweben. Spielen dort macht sonst keinen Spaß", sagte ich und wischte meine staubigen Finger an meinem Rock ab. „Was willst du denn da spielen?", hakte sie verdutzt nach und runzelte die Stirn. „Das weiß ich auch noch nicht so genau, aber irgendetwas wird mir schon einfallen", erklärte ich zuversichtlich.

Mama lächelte. „Du hast Ideen, komm aber erst mal rein. Wir können essen, Oma hat alles fertig", sagte sie und machte eine zu sich winkende Handbewegung. Ich folgte ihr und sah, dass sich schon alle am Esstisch versammelt hatten.

„Papa haben wir noch irgendwo ein altes Ofenrohr, was ich haben kann?", fragte ich zwischen zwei Bissen, als mein Vater gerade kaute. Ich hatte einen Geistesblitz und wollte sofort klären, ob dieser realisierbar war. Papa sah mich mit großen Augen verdutzt an. Er schluckte. „Wofür brauchst du denn ein Ofenrohr?", fragte er erstaunt. „Das ist noch ein Geheimnis, haben wir oder haben wir keins?", bohrte ich nach. Er schüttelte nachdenklich seinen Kopf. „Ich weiß nicht, ob oben über der Werkstatt noch eins liegt. Müssen wir dann mal schauen", sagte er, ohne weitere Fragen zu stellen und aß weiter. Dafür schaute Mama mich jetzt umso skeptischer an, schwieg und führte ihre Gabel zu ihrem Mund. Ich senkte erst mal zufrieden meinen Kopf und blickte auf meinen Teller. Mit meiner Gabel spießte ich die dicken Bohnen auf und kaute sie genüsslich.

Einige Zeit später, Mama saß wieder am Tisch und stopfte Socken. Ich hatte die ganze Zeit überlegt, wie ich meine Idee verwirklichen könnte. Ich blickte zu ihr hinüber. „Mama, meinst du, ich kann im Hühnerstall den Ofen nutzen, um kochen zu lernen? Ich will es so ganz für mich alleine machen, ohne deine Hilfe?", fragte ich zaghaft. Mama hob ihren Kopf und sah mich fragend an. „Was willst du, du kannst doch hier in der Küche kochen lernen!", sagte sie ungläubig. „Aber Mama, das verstehst du nicht, ich möchte einen Herd für mich ganz alleine haben", sagte ich kühn. Mama blickte wieder auf das Loch im Socken, den sie auf ihrer linken Faust hielt.

Für einige Minuten herrschte fast Totenstille im Raum. „Du weißt, dass das sehr gefährlich ist, was du da vorhast", merkte sie mahnend an, ohne aufzusehen. „Ich weiß Mama", antwortete ich rasch, nachdem ich darüber nachgedacht hatte. Sie hob ihren Kopf. „Guck doch erst mal, ob wir noch ein Ofenrohr haben. Dann können wir überlegen, ob du es darfst oder nicht", meinte sie mit strengem Blick. Mein Herz machte einen kleinen Freudensprung.

Ich hüpfte vom Stuhl und lief zu Papa in die Werkstatt. „Papa kann ich auf den Boden? Kannst du mir eben die Leiter dranstellen? Ich will gucken, ob da noch ein Ofenrohr ist", überfiel ich ihn. Er stand gerade an der Standbohrmaschine und trat das Pedal für den Antrieb. Papa blickte auf, dann wieder auf sein Werkstück. „Nun mal langsam mit den jungen Pferden. Erst mal mache ich das hier fertig und dann kommst du dran. Gedulde dich!", sagte mein Vater streng, während er den Bohrer mit Öl beträufelte und gleichzeitig mit der anderen Hand versuchte, das Stellrad zu bestätigen. „Warte ich helfe dir", sagte ich hastig, als ich bemerkte, dass ihm eine dritte Hand fehlte. Ich griff nach dem Ölkännchen in seiner Hand. Papa grinste. „Aber vorsichtig schütten, zu viel darf es auch nicht sein", erklärte er und betätigte das Rad an der Bohrmaschine, um den Bohrer Stück für Stück weiter in das Material zu treiben. Es dauerte eine ganze Weile, bis wir mit dem Bohren fertig waren.

„So jetzt sag mal, was hast du mit dem Rohr vor?", erkundigte sich mein Vater und begutachtete das fertige Werkstück. „Papa", stammelte ich und holte tief Luft. Ich überlegte genau, was und wie ich es sagen wollte. „Papa, ich möchte gerne an den Küchenherd im Hühnerstall ein Ofenrohr machen. Dann kann ich da kochen lernen und store Mama nicht in der Küche. Da kann ich ganz allein für mich schmottern", erklärte ich ihm. Papa verschlug es im ersten Moment die Sprache. „Du weißt, dass der ganze Stall aus Holz gebaut ist und leicht Feuer fangen kann. Wo willst du denn das Rohr nach draußen führen? Du musst auch daran denken, dass genug Luftzug drauf ist. Nicht das nachher der ganze Stall voller Qualm ist und du keine Luft mehr bekommst", meinte er sachlich. „Papa, das hat Mama mir auch schon gesagt. Aber trotzdem möchte ich es ausprobieren. Ich muss den Ofen ja nicht mit voller Pulle heizen und außerdem kann ich auch ein paar Eimer Wasser daneben stellen. So kann ich sofort löschen, wenn es anfängt zu kokeln." Ich setzte meine ganze Überzeugungskraft ein. Papa zog seine Kappe vom Kopf, schubberte seine Haare mit einem Handrücken und blickte auf die schwere Holzleiter, die an der Wand hing. „Dann versuch dein Glück", sagte er schließlich und stellte mir die schwere Holzleiter so hin, dass ich auf den Boden klettern konnte. Ich lächelte und stieg die Leiter hoch. Zwischen den vielen Utensilien, die da oben lagen, fand ich auch ein Rohr. Es war allerdings stark mit Flugrost behaftet. „Papa hier oben ist ein Rohr. Kannst du mal gucken?", rief ich durch die Ritzen zwischen den Bodendielen. „Zeig mal", rief Papa laut zurück. Ich nahm ein Stück, eilte zur Leiter, kletterte zwei Sprossen hinunter und hielt es so, dass Papa es aus der Werkstatt aus sehen konnte. „Hier Papa, das ist das Rohr, das ich meine." Papas Kopf lugte aus der Werkstatttür. „Ja, wo hast du das denn gefunden?", fragte er erstaunt. „Da sind noch mehr Stücke von da", rief ich freudestrahlend und kam mit meiner Beute die Leiter herunter. „In Ordnung, aber pass auf. Frag nach, wenn du nicht weiter kommst", mahnte er mich noch einmal.

Sekunden später stand ich im Hühnerstall und hielt das Rohr an den Platz, den ich für richtig hielt. Aber irgendetwas stimmte nicht.

Ich überlegte und sah noch mal an die Stelle, wo es den Hühnerstall verlassen sollte. „Das ist aber lang. Das ist doof und wie mache ich das fest? So viel Kniee[2] haben wir nicht. Der Ofen muss woanders hin", überlegte ich laut, legte das Rohr auf dem Ofen ab und ging ins Haus. „Mama, kannst du mir helfen? Ich muss den Ofen verrücken", rief ich quer durch die Küche, während ich Richtung Esszimmer ging. „Was hast du denn vor?", fragte meine Schwester erstaunt, die am Tisch saß. „Ich will auf dem Ofen im Hühnerstall kochen lernen. Ich muss nur noch dafür sorgen, dass der Qualm abzieht", erklärte ich voller Stolz. Meine Schwester lachte. „Das ist doch Unsinn, kochen kannst du doch auch hier in der Küche lernen", kommentierte sie und grinste hämisch. „Ich werde aber im Hühnerstall kochen lernen", erwiderte ich trotzig. Ich sah meine Schwester durch zusammengekniffene Augen an. „Du könntest mir ja mal eben helfen, den Ofen

[2] Kniee = Umgangssprachlich für Bogen

etwas zu verschieben", forderte ich sie auf. „Ich habe Papa und Mama schon gefragt, ob ich darf und die haben nichts dagegen. So lange ich aufpasse, das nichts anfängt zu brennen." Ich verschränkte meine Arme vor ihr und grinste sie an, um ihr zu zeigen, dass sie mich diesmal nicht ärgern konnte, da ich schon alles mit Mama und Papa geklärt hatte. Sie stöhnte laut auf, sah mich an und überlegte. „Kommst du mir jetzt helfen oder nicht?", bohrte ich nach.

Sekunden später stand sie auf. „Sonst gibst du ja doch keine Ruhe", stöhnte sie genervt und folgte mir schnellen Schrittes.

Als wir im Hühnerstall waren, schilderte ich ihr meinen Plan. Sie blickte sich um und überlegte. Sie zeigte auf ein Brett. „Warum machst du das Brett da nicht lose und kürzt es? Papa muss es eh auswechseln, da kannst du das Ofenrohr nach draußen legen", schlug sie mir vor und lächelte mich an. „Mensch, das ist eine gute Idee. Da wäre ich nicht drauf gekommen. Ich hole mir gleich einen Hammer und eine Säge", rief ich freudestrahlend. Während ich wieder zu Papa in die Werkstatt lief, ging sie ins Haus zurück. „Papa, ich brauch mal einen Hammer und die große Handsäge", sagte ich, als ich in die Werkstatt gelaufen kam. „Die Sachen aber wieder zurückbringen und dahin hängen, wo du sie her geholt hast", sagte Papa im Befehlston, während er ohne aufzuschauen weiter arbeitete. Unordnung in seiner Werkstatt war ein absolutes Unding. Ich nahm den Zimmermannshammer, die Schreinersäge, einige 60-er Nägel und lief zurück zum Stall. Mit der flachen Seite des Hammers schlug ich von innen auf das Brett. Nach einigen kräftigen Schlägen lösten sich die Nägel und das Brett fiel herunter. Das Rohrstück, was auf dem Ofen lag, reichte allerdings nicht. Ich lief los und holte noch einige gerade Stücke und Bögen. Wie bei einem Puzzle steckte ich die Stücke so zusammen, dass das Rohr nun einigermaßen passte und unterhalb der Stalldecke nach draußen führte. Ich nagelte das Brett, was ich zwischenzeitlich auch noch gekürzt hatte, mit den 60-er Nägeln wieder an. „Das sieht richtig gut aus", lobte ich mich selber, als ich mein fertiges Werk betrachtete.

Das Werkzeug und die überschüssigen Rohrstücke brachte ich an ihren Platz zurück. Papa war ebenfalls noch in der Werkstatt und räumte seine Sachen ordentlich weg. „Brauchst du die Leiter noch oder kann ich sie weghängen?", erkundigte er sich, wie er mich weggehen sah. „Ich brauch sie nicht mehr, ich bin fertig", rief ich über die Schulter zurück und ging durch den Hintereingang ins Haus.

Als ich in die Waschküche kam, sah ich durch die offenstehende Tür, dass Mama am Kälberstall stand. „Ich habe mein Rohr fertig gebastelt, ich muss es nur noch ausprobieren", erzählte ich freudestrahlend. Mama warf mir einen strengen Blick zu.

„Aber nicht mehr heute, du könntest mir hier mal helfen", befahl sie mürrisch. Widerwillig nickte ich und half ihr, die Kälber zu füttern.

Drei Tage später war es dann endlich soweit. „Mama hast du gleich mal Zeit für mich?", fragte ich zögerlich, wie sie in der Küche stand und Hefeteig knetete. Sie blickte auf. „Was hast du denn jetzt schon wieder vor?", erkundigte sie sich neugierig und lächelte. „Mama, ich möchte doch probieren, ob der Herd im Hühnerstall richtig funktioniert. Vielleicht kann ich sogar deinen Kuchen nachher darin backen", meinte ich über-schwänglich. Mama lachte. „Du und dein Herd. Warte, bis ich den Teig fertig geknetet habe, dann komme ich", antwortete sie gut gelaunt. „Juch hu", platze es aus mir heraus. Ich machte einen kleinen Hüpfer und schaute ihr weiter zu.

Etwa eine halbe Stunde später gingen Mama und ich in den Hühnerstall. Ich öffnete die kleine Feuerklappe vorn am Herd. „Du hast ja wirklich schon alles fertig", sagte Mama erstaunt, als sie das zusammen geknüllte Zeitungspapier sah, dass ich zusammen mit Anstoßholz bereits rein gestopft hatte. Ich holte ein Zündholz aus der Schachtel, zog es ruckartig über die Reibefläche und hielt es an die Zeitung. Einige Sekunden später brannte das Papier lichterloh und ich schloss die Klappe. Aus manchen Ritzen des Ofens qualmte es ordentlich, aber das war beim Anheizen normal. Mama schaute auf das Ofenrohr. „Das sieht einigermaßen dicht aus", murmelte sie. Ihr Blick ging Richtung Stallwand, wo das Rohr hinaus führte. Sie fasste mit ihrer Hand an ihr Kinn. „Das ist aber gefährlich, was du da gemacht hast. Wenn das Rohr zu heiß wird, kann unter Umständen das Holz anfangen zu brennen. Da muss etwas Feuerfestes oder ein Freiraum zwischen Holz und Ofenrohr sein. So geht das jedenfalls nicht", bemängelte sie und blickte mich ernst an. Ich zeigte auf die Stelle, wo das Rohr auf dem Brett auflag.

„Aber Mama, wie soll ich das denn anders machen? Ich habe schon alles ausprobiert, aber es geht nicht", behauptete ich fest. „Hol mal einen halben Ziegelstein", forderte Mama mich auf und ging zu der Wand. Ich lief direkt los und organisierte einen.

Nach kurzer Zeit war ich wieder bei ihr. „Hier hast du, wofür wolltest du den denn haben?", fragte ich und reichte ihr den Stein. „Geh mal nach draußen und schieb das Rohr etwas zurück. Noch geht es, weil es nicht zu heiß ist", meinte Mama nur. Ich lief hinaus hinter den Stall, stellte mich auf einen Stapel Hohlblocksteine, der dort lag, und deute das Rohr etwas zurück. „Reicht", rief Mama mir aus dem Stall laut zu und ich sah, wie sie das Steinstück zwischen Holz und Rohr klemmte. „Hält das?", rief ich ihr skeptisch zu. „Komm erst mal rein", antwortete Mama laut. Der Tonfall, in dem sie es sagte, klang nicht gerade überzeugend. „Was ist denn?", hakte ich nach, als ich wieder hinein ging und in Mamas Gesicht sah. „Du darfst ein bisschen schmottern, aber mehr geht nicht. Das ist alles viel zu gefährlich. Du kannst den Ofen nicht unbeaufsichtigt brennen lassen, das ist zu riskant hier ", mahnte Mama mit Nachdruck. „Och Mama", stöhnte ich enttäuscht und senkte meinen Kopf. „Kann ich denn wenigstens mal versuchen, Kartoffel hier zu kochen? Das dauert doch nicht so lange und da wird das Ofenrohr bestimmt nicht zu heiß", bettelte ich nach einigen Minuten. Mama sah auf ihre Armbanduhr. „Heute ist es schon zu spät dafür." Ich sah sie an und erkannte an ihrer Mimik, dass es zwecklos war nachzubohren. Mit zwei Schritten näherte ich mich dem Ofen, öffnete die Feuerklappe und sah hinein. „Der ist gleich eh aus, da ist kaum noch Feuer. Ich habe vergessen, Holz nachzulegen", stellte ich enttäuscht fest. „Dann warte hier so lange, bis es ganz aus ist. Ich gehe schon mal rein", befahl sie mir.

Entmutigt setzte ich mich auf die beiden Hohlblocksteine, die ich in den Stall getragen hatte, damit ich etwas zum Sitzen hatte. Ich trat mit meinen Fersen in die vorhandenen Löcher der Steine, stützte die Ellbogen auf den Knien ab und legte meinen Kopf in die Handflächen. „Das ist doch alles doof, immer wenn ich was machen will, geht das nicht", murmelte ich leise vor mich hin. Ich blickte ab und an auf die große Herdplatte, die in meinem Sichtfeld war.

„Genau das mache ich jetzt, das ist wenigstens nicht so langweilig", stieß ich plötzlich hervor, nachdem mir wieder ein neuer Einfall gekommen war. Ruckartig sprang ich von meinem Steinstuhl und schaute im Ofen, ob das Feuer erloschen war. „Aus", murmelte ich und machte die Feuerklappe zu.

Die Tage vergingen und am folgenden Sonntag flitzte ich mit einem Eimer in der Hand in den Hühnerstall. Das Feuerholz und die Zeitung, die darin waren, stopfte ich in den Ofen und zündete ihn an. Während er auf Zunder kam, lief ich noch mal los und holte einen Eimer voll Holz zum nachlegen. Auf dem Weg dorthin kam meine Schwester aus der Haustür. „Was machst du?", fragte sie neugierig, während ich schon an ihr vorbei gelaufen war. „Geh in den Hühnerstall, da wirst du es sehen", rief ich ihr vom Holzschuppen aus zu.

Einen kurzen Augenblick später kam ich mit einem vollen Eimer Holz zurück und sah meine Schwester auf meinem Stuhl sitzen. „Hol dir selber welche, das ist mein Platz!", motzte ich sie an. „Ist ja schon gut. Was machst du eigentlich hier?", nörgelte sie missgelaunt. „Ich mach mir gleich Kartoffel am Spieß", erwiderte ich keck, öffnete den Ofen und legte ein Stück Holz nach. Meine Schwester griemelte. „Kann ich dann auch mal probieren? Ich bin neugierig, wie das schmeckt, was du da vorhast." „Klar kannst du gerne haben", sagte ich gönnerhaft und zeigte auf meinen Tisch. Ich hatte ihn auch aus Steinen und alten Brettern gebaut. Es standen Teller, eine Schüssel mit gewaschenen Kartoffeln und Gabeln drauf. Ich spießte drei Kartoffeln auf die Gabeln mit den langen Zinken, die Mama nie in ihrer Küche nutzte. Anschließend öffnete ich mit einem Hacken die kleine Herdplatte des großen Kochfeldes. Die Flammen züngelten heraus. „Hey, das Feuer ist zu groß, mach wieder zu, du musst warten", sagte Mama. Sie stand plötzlich im Türdurchgang und hatte mich beobachtet. „Och meno", schmollte ich. „Das Feuer wird gleich kleiner, ich hab eben Holz nach gelegt, darum brennt es so doll", rechtfertigte ich mich und beobachtete die Flammen. Mama näherte sich. „Pass aber auf, das ist gefährlich. Du weißt..." „Ach Mama, das hast du mir schon tausendmal gesagt, ich weiß, dass es gefährlich ist. Guck mal da in die Ecke, ich habe auch schon drei Eimer mit Wasser hingestellt. Aber lass mich doch bitte mal machen. Ich habe auch extra eine Kartoffel für dich aufgespießt", fiel ich ihr energisch ins Wort. Dabei deutete ich mit einer Kopfbewegung in die Ecke, wo das

Wasser stand und mit einer Hand auf die Gabeln, die auf einem Teller lagen. Mama sagte keinen Ton. Insgeheim freute ich mich über diese Reaktion. Ich nahm die Kartoffelgabeln, reichte meiner Schwester eine und selber hielt ich zwei mit einer Hand über das Feuer, das im Ofen loderte. Die Abstrahlwärme war ganz schön heiß, sodass ich zwischendurch immer mal wieder den Arm heben musste. Wenn das auch nicht reichte, wechselte ich ihn.

Nach gefühlten Stunden waren die Kartoffeln einigermaßen gar und ich verteilte sie. „Hier Mama, probier mal", sagte ich stolz und reichte ihr einen Teller. Mama machte große Augen. „Na ja, sieht reichlich verkohlt aus. Bin ja mal gespannt, wie die schmeckt. Aber erst muss ich die verbrannte Schale entfernen", meinte Mama skeptisch. Sie stellte ihren Teller auf dem Tisch ab und kratzte das Verbrannte von der Kartoffel. Viel Genießbares blieb nicht übrig, aber für drei

Bissen reichte es doch. Auch ich hatte meine Kartoffel fertig geputzt und kostete mit Mama gemeinsam. „Das schmeckt doch lecker. Ich weiß nicht, was du hast. Das Einzige, was fehlt, ist Salz. Es schmeckt noch nicht mal verkohlt", sagte ich voller Überzeugung mit halb vollem Mund. Mama grinste und kaute. „Die schmecken genau so wie früher, wenn wir Kartoffelfeuer gemacht haben. Die waren auch immer verkohlt, schmeckten aber unheimlich lecker", stellte sie zufrieden fest. Mir huschte ein Lächeln übers Gesicht. „Siehst du, dann habe ich jetzt was gekocht, was du früher mal sehr gerne gegessen hast." In diesem Moment war ich sehr stolz.

Meine Schwester kaute mittlerweile auch genüsslich. Das Züngeln der Flammen im Ofen wurde weniger und ging in Qualm über. „Es ist gut, dass Papa gestern Abend noch die alten Fenster ausgebaut hat, sonst bekämen wir jetzt eine Rauchvergiftung", meinte Mama plötzlich, als sie den bläulichen

Schimmer in der Luft sah. Ich ging zum Ofen und schob die kleine Platte mit dem Haken in ihre Öffnung zurück. Das Qualmen hörte sofort auf und der Rauch zog durchs Rohr nach draußen ab. „Warum hast du dir denn so eine Arbeit mit dem Rohr gemacht, wenn du es gar nicht gebraucht hast?", fragte meine Schwester plötzlich. Es dauerte einige Sekunden, bis ich verstand, was sie damit meinte. „Die Idee, die Kartoffel so zuzubereiten, ist mir erst eingefallen, nachdem das Ofenrohr schon dran war", murmelte ich kleinlaut.

Mama sah mich mit grinsenden Augen an. „Willst du wirklich hier kochen lernen oder...", fragte sie mich, ohne den Satz zu beenden. Ich überlegte. Ich dachte unter anderem auch an die Spinnen, die hier tagtäglich wieder aufs Neue aufgetaucht waren. „Ich glaube, das macht nicht so wirklich Spaß hier. Ich muss ja immer alle Sachen, die ich brauche, hin und her schleppen", sagte ich nach einiger Zeit einsichtig. Mama nickte lächelnd. „So, dann können wir ja jetzt alle gemeinsam in die Küche gehen und unser Sonntagsessen fertigmachen", sagte Mama.

Wir warteten, bis nur noch ganz wenig Glut im Ofen war und gingen gemeinsam ins Haus.

SCHWERES GEWITTER

Es war ein wunderbarer Sommertag, die Sonne strahlte mit voller Kraft und die Luft war heiß.

Meine Schwester hatte hitzefrei in der Schule bekommen, sodass sie drei Stunden früher zu Hause war. Schnell machte sie ihre Hausaufgaben, kam danach raus und wir konnten miteinander spielen.

Es war etwa so gegen zwei Uhr, als meine Schwester plötzlich eine riesige Gewitterwand auf uns zukommen sah. „Lauf rein und sag Mama Bescheid, da kommt ein Gewitter!", schrie sie mich an. Sie zeigte auf die schwarzen Wolken, die sich vom westlichen Himmel her näherten.

Ich stürmte ins Wohnzimmer. Mama lag auf dem Sofa und döste. „Mama, Mama, da hinten kommt eine riesige schwarze Wand auf uns zu." Meine Worte überschlugen sich, als würde in dieser Sekunde schon die Welt untergehen.

Meine Mutter erhob sich etwas und blickte durch eines der Wohnzimmerfenster Richtung Westen. „Das sieht nicht gut aus, wir müssen die Kühe schon jetzt reinholen. Wo ist Papa?", fragte sie. „Ich weiß nicht", gab ich keck von mir. „Dann such ihn gefälligst!", befahl Mama mir im barschen Ton, während sie sich ihre Schuhe anzog.

Ich spurtete los und lief auf den Hof. „Wo ist Papa? Die Kühe müssen rein", rief ich meiner Schwester zu. Sie stand nahe der Hauswand und blickte auf die schwarze Wand. „Weiß nicht, aber ich lauf schon mal los, die Kühe holen. Beeil dich, das kommt schnell näher!", trieb sie mich zur Eile an.

„Papa, Papa, wo bist du? Da kommt ein Gewitter!", brüllte ich aus vollem Hals auf meinem Weg zur Werkstatt. Als ich endlich dort angekommen war, sah ich meinen Vater an der Bohrmaschine stehen. „Papa, da kommt ein riesiges Gewitter, du musst uns helfen!" Mein Vater hob seinen Kopf und drehte sein Gesicht zu mir. „Na, na, so schlimm wird es schon nicht sein", gab er beschwichtigend von sich. „Doch Papa, da kommt eine riesige schwarze Wand auf uns zu. Beeil dich! Paula treibt die Kühe zusammen und Mama ist schon in den Stall gegangen", überschlug ich mich vor Aufregung. Die Worte flossen schneller durch mein Hirn, wie ich sie aussprechen konnte. Mein Vater ließ alles stehen und liegen und folgte mir endlich. „Dann lauf zu Paula, ich gehe in den Stall und helfe Mama", sagte er in sich ruhend.

Paula war schon am anderen Ende der Weide, als ich über den Hof rannte. Sie trieb die Tiere an, die dort noch in Ruhe fraßen. Ich stand am Weidetor, drehte mich um und sah Mama. Sie kam über eine andere Weide, die direkt neben den Silos lag, auf mich zu. „Los, lauf hinterher und hilf ihr!", kommandierte sie. Dann machte sie mir das Weidetor auf.

Ich schlüpfte hindurch und lief so schnell ich konnte in die Richtung, wo auch noch Tiere entspannt grasend standen. „Los macht ab mit euch!", rief ich ihnen laut zu und hob meine Arme, um sie aufzuscheuchen. Die Tiere hatten es allerdings nicht eilig, für sie war es eine ungewohnte Zeit.

Dazwischen hörte ich bereits die ersten leisen Donnergeräusche. Meine Mutter öffnete das Tor. Die ersten Tiere überquerten gemächlich die Straße und gingen auf die gegen-überliegende Weide Richtung Stall.

Völlig außer Puste kam ich, die letzten Tiere vor mir her scheuchend, bei Mama und meiner Schwester an. Mama schaute in den Himmel. „Das geht gleich los, wir müssen uns beeilen", sagte sie besorgt. „Treib du sie weiter, ich kann nicht mehr. Ich hab

Seitenstiche", sagte ich flehend, immer noch nach Luft ringend zu meiner Schwester.

Während meine Schwester die Kühe trieb, gingen Mama und ich schnellen Schrittes über die Hofeinfahrt in den Stall. Die Blitze zuckten ordentlich am Himmel. Es krachte um uns herum.

Als wir im Stall ankamen, hatte Papa schon fast alle Tiere angebunden. Mama schaltete die Lampen an. „Das hat ja noch gut geklappt", sagte sie zu ihm erleichtert. Paula hatte hinter sich die Tür geschlossen und kam zu uns. Wir alle bemerkten, wie die plötzliche Helligkeit eines Blitzes durch die Stallfenster hineinfiel.

Sekunden später knallte es ordentlich. Wir zuckten zusammen. „Das hat irgendwo in der Nähe eingeschlagen", meinte Mama. Papa zog seine Taschenuhr hervor und schaute darauf. „Zum Melken ist es noch zu früh Hedwig. Wir können erst mal Kaffee trinken", stellte er fest und ging Richtung Waschküche. Wir folgten ihm.

Als wir in der Waschküche waren, musste Mama das Licht einschalten. Es war so dunkel geworden, als ob es Nacht geworden wäre. Oma stand in der Küche. Sie hatte schon den Kaffeetisch im Esszimmer gedeckt. Paula und ich setzten uns auf die Bank. Zwischendurch drehten wir uns immer mal wieder um und schauten aus dem Fenster. Es blitze und krachte unaufhörlich, es war sehr beängstigend. Die Lampe über dem Esstisch flackerte. Es blitzte wieder und auf einmal war das Licht weg. Dann krachte es draußen mit lang anhaltendem Grollen. Ich hatte das Gefühl, als würde mein Trommelfell platzen. Mein Herz rutsche eine Etage tiefer. „Mama, ich habe Angst", wimmerte ich leise.

„Hoffentlich ist nur eine Sicherung rausgeflogen, sonst können wir nachher nicht mit den Maschinen melken", sprach Papa nachdenklich. „Wir gucken, wenn es vorbei ist mal nach. Mehr können wir jetzt nicht tun", meinte Mama, während sie in ein Butterbrot biss.

Ganz langsam setzte der Regen ein, der etwas später an Intensität zunahm und sich dann zu einem großen Wolkenbruch entwickelte. Während ich mein Brot kaute, schaute ich immer wieder aus dem Fenster. Nach einiger Zeit wurde der Himmel langsam heller.

„Da läuft ein Bach über den Hof", rief ich überrascht aus. „Du sollst dich aufs Essen konzentrieren und nicht immer rausgucken!", meckerte Mama.

Es dauerte noch einige Zeit, bis der Spuk vorbei war und die Sonne wieder hervorkam. Papa kontrollierte nun die Schraubsicherungen. Nachdem er zwei durchgeschlagene Sicherungen ersetzt hatte, war der Strom wieder da.

Während meine Eltern in den Stall gingen und ihre Arbeit verrichteten, liefen Paula und ich nach draußen. Es fielen immer noch einige

Tropfen vom Himmel, aber das störte uns nicht. Wir standen vor der Haustür und sahen, wie das Oberflächenwasser von den Weiden lief.

Zuerst sammelte es sich auf dem Hof und floss dann weiter in einem kleinen Strom Richtung Werkstatt.

Ich zog meine Schuhe und Söckchen aus und tapste durch das warme, leicht lehmige Wasser. Es war schön, die Kieselsteine unter meinen Füssen zu spüren. Gänsefüßchen für Gänsefüßchen folgte ich dem Wasserlauf. Paula behielt ihre Schuhe an. „Komm hier her, hier ist es tiefer", rief sie mir zu. Sie stand bei der Werkstatt.

Mir machte es unheimlich Spaß, mit den Füßen im Wasser zu matschen. Ich ließ mir Zeit und genoss jeden Tritt im warmen Matschwasser. Als ich an der Werkstatt ankam, war meine Schwester schon hinter den Schuppen gegangen.

„Hier ist ein großer See", rief sie laut. Die Neugier packte mich und mit großen Schritten stapfte ich durch den Bachlauf dorthin. Meine Schwester stand seitlich vor einer großen Senke, die komplett mit Wasser gefüllt war. „Das ist ja ein richtiger Teich geworden", stellte ich freudig fest. Meine Schwester grinste. „Dann geh doch rein." „Aber da stehen doch so viele Brennnessel", sagte ich misstrauisch und sah, wie die Blätter triefnass an den Stängeln herunterhingen. „Die tun nix, die brennen nicht, wenn die nass sind", versicherte mir meine Schwester. Ich hob meinen Rock an, presste den Stoff vor meinem Bauch zusammen und stakste vorsichtig in den mit Nesseln bewachsenen Teich. Das Wasser war noch wärmer wie im kleinen Bachlauf. „Schön, das tut richtig gut", jauchzte ich begeistert.

Nach einigen Schritten stand ich etwa in der Mitte des Teiches. Das Wasser reichte mir bis über meine Knie. Auf einmal fühlte ich ein Brennen an meinen Beinen.

„Das brennt ja doch, du hast mich reingelegt", schrie ich Paula entgeistert an. „Musst du denn alles tun, was man dir sagt. Bist du selber schuld." Sie lachte mich nun schadenfroh aus.

„Du bist gemein", schimpfte ich laut und ging vorsichtig wieder an den Rand des Teiches, wo keine Brennnesseln standen. Ich blickte auf meine Beine hinab und sah, wie sich kleine rote Flecken und Quaddeln bildeten. Es juckte und pikste fürchterlich. Ich ließ meinen Rock los und lief in Windeseile ins Haus. „Mama, Mama, ich habe ganz verbrannte Beine", schimpfte ich lautstark, als ich im Esszimmer angekommen war.

Meine Mutter war in der Küche, kam um die Ecke und betrachtete mich. Ich blickte sie mit tränenden Augen an. „Paula hat mich in die Brennnessel geschickt und sie hat behauptet, dass sie nicht brennen, wenn sie nass sind."

Meine Schwester kam nach und stand jetzt auch im Raum. Meine Mutter blickte sie fragend an. „Ich habe nur behauptet, dass sie nicht brennen, wenn sie nass sind. Ich habe ihr nicht gesagt, dass sie hineingehen soll", grinste sie schadenfroh. „Das brennt aber wie Teufel", schrie ich. Mama schaute auf meine hochroten Beine und schmunzelte. „Das hört bald wieder auf", besänftigte sie mich und ging wieder in die Küche.

Ich stand da wie ein begossener Pudel, war wütend auf meine Schwester und sauer auf mich zugleich.

Warum hatte ich ihr bloß geglaubt.

DER FALTENROCK

Es wurde langsam wieder Herbst und das war die Zeit, wo man Strumpfhosen tragen musste. Ich hasste sie, weil sie so sehr kratzten.

An einem kühlen, verregneten Morgen holte ich einen meiner Winterröcke aus dem Kleiderschrank und zog ihn an. „Oh, der ist zu eng geworden", stöhnte ich laut auf, als ich bemerkte, dass ich den Rock nur noch mit Baucheinziehen schließen konnte. „Mama, ich glaube, ich brauche neue Röcke. Die passen alle nicht mehr, ich bin zu doll gewachsen", rief ich laut Richtung Treppenhaus. „Ich kümmere mich darum, beeil dich jetzt aber", rief Mama von unten die Treppe hinauf.

Nach einigen Minuten war ich fertig angezogen, flitzte die Treppe runter und setzte mich an den gedeckten Tisch. Mama hatte zum Frühstück Apfelpfannkuchen gebacken. Meine Schwester war schon beim Essen.

„Dann musst du nicht so viel fressen. Kein Wunder, das die Röcke nicht mehr passen", grinste sie mich hämisch an. „Was kann ich dafür, wenn ich immer so viel Hunger habe", motzte ich verärgert zurück. Ich senkte meinen Kopf und spürte, wie der Stich durch mein Herz ging. „Müsst ihr euch schon am frühen Morgen streiten", meckerte Mama plötzlich aus der Küche. Wir beide verstummten.

Als ich zwei Tage später aus der Schule kam und meinen Toni wie immer neben der Eckbank ablegte, stand eine Tüte auf der Bank. Ich machte sie unaufgefordert auf. „Oh hast du Stoff gekauft? Der ist aber dunkel, gab es nicht schöneres", rief ich in die Küche, wo Mama war. „Du kannst es auch nicht abwarten, musst du immer so neugierig sein. Lass deine Finger davon, wir können gleich essen. Deck schon mal den Tisch!", schimpfte Mama laut. Enttäuscht über den dunklen Stoff drückte ich die Papiertüte wieder zusammen. Nachdem wir gegessen hatten, machte ich Hausaufgaben und Mama breitete den anthrazitfarbenen Wollstoff auf dem Esstisch aus. „Der ist aber sehr dunkel. Nähst du mir daraus einen neuen Rock?", wollte ich wissen. „Ich habe so viel Stoff gekauft, dass ich zwei Röcke nähen kann, deine Schwester bekommt auch einen. Du machst dich ja doch immer dreckig, das ist es schon ganz gut, dass er so dunkel ist. Da sieht man den Dreck nicht so dran und ich muss ihn dann nicht so oft waschen", nörgelte Mama mich an. „Aber Mama, ich pass doch schon auf. Ich ziehe mich doch jedes Mal um, wenn ich von der Schule nach Hause komme", entschuldigte ich mich leise. „Trotzdem bist du oft ein Ferkel. Deine Schwester geht viel sorgsamer mit ihren Sachen um. Das ist halt so", behauptete Mama. „An ihr ist halt ein Junge verloren gegangen", lachte Papa, der plötzlich im

Türdurchgang von der Küche zum Esszimmer stand. Papa zog sich seine Kappe vom Kopf und strich sich mit seiner linken Hand durch die Haare. „Sie wäre besser einer geworden. Wenn ich überlege, wie viele Löcher sie durch Unachtsamkeit schon in ihren Strumpfhosen gemacht hat und ich sie wieder stopfen musste. Das macht keinen Spaß", stellte Mama fest und blickte genervt zu Papa. „Was kann ich denn dafür, wenn ich ab und an auf die Nase falle. Ich mache das doch nicht mit Absicht", wehrte ich mich laut. „Kümmere du dich um deine Aufgaben!", meckerte Mama und schnippelte am Stoff. Irgendwie war ihre Laune miserabel geworden. Es war besser für mich nichts mehr zu sagen und so machte ich nur, was sie befohlen hatte. Nach etwa einer dreiviertel Stunde war ich fertig.

„Kann ich hochgehen?", fragte ich Mama leise. Sie blickte auf. „Nein, zieh mal den Rock aus, wir müssen mal probieren", kommandierte sie. Während ich schnell meinen Rock auszog, nahm sie den zugeschnittenen und zusammengerafften Stoff vom Tisch und wickelte alles um meinen Körper. „Aber nicht den Bauch einziehen", sagte sie grinsend und führte die beiden Stoffenden vor meinem Bauch zusammen. Meinen Pullover hatte ich etwas hochgezogen, damit Mama besser Maß nehmen konnte. „Der Stoff kratzt aber. Der ist fies", monierte ich heftig, als ich ihn auf meiner Haut zwischen Leibchen und Unterhose spürte. „Stell dich nicht so an, so schlimm kann es gar nicht sein! Dein Unterhemd ist auch hochgerutscht." Mama war immer noch mies gelaunt. Sie nahm einige Stecknadeln und steckte den Stoff an verschiedenen Stellen zusammen. Ich spürte die ganze Zeit das fürchterliche Kratzen auf meiner Haut, verkniff mir aber weitere Kommentare.

Nach gefühlten Stunden befreite sie mich aus der Anprobe und legte den Stoff wieder auf den Tisch. „Mama, wie lang nähst du die Falten ab? So wie es jetzt Mode ist, oder machst du es so wie bei denen, die ich schon habe?", fragte ich vorsichtig. „Ich kann sie etwas länger abnähen, dann sieht es etwas moderner aus. Ich mach dir aber oben wieder Miederband mit einem Hacken dran, das ist einfacher." Ich nickte nur, weil ich über diese Information überhaupt nicht glücklich war.

Am darauf folgenden Tag hing der Rock in meinen Kleiderschrank. Mama hatte die Kellerfalten ordentlich gedämpft. Ich zog ihn an und stellte mich vor den Spiegel. „Steht mir gut, sieht besser aus als ich gedacht hatte", murmelte ich leise zu mir selbst. Frohen Mutes lief ich hinunter und stellte mit Entsetzen fest, dass meine Schwester auch ihren neuen Rock an hatte. Es war absolut das gleiche Modell. „Müssen wir immer so rumlaufen wie Zwillinge? Wir sind doch gar keine", meckerte ich entsetzt. „Das ist doch nicht so schlimm. Das hat auch vielleicht etwas Gutes. So können die Leute wenigstens sehen, dass wir Geschwister sind. Du bist doch aus der Art geschlagen mit deinen blonden Haaren", grinste sie gehässig. „Das stimmt nicht, meine Haarfarbe habe ich von Papa geerbt. Was kann ich dafür, dass du auf Mama rauskommst und dunkle Haare hast?", protestierte ich laut und stampfte mit einem Fuß auf. „Jetzt ist aber Schluss, hier wird nicht gestritten. Der Stoff war preiswert und hat eine sehr gute Qualität, sonst hätte ich ihn gar nicht gekauft", mischte Mama sich energisch ein. Ich blieb still, sonst hätte ich mir von Mama eine Ohrfeige eingehandelt. Meine Schwester bemerkte, dass ich sauer war und griemelte in sich hinein.

Ich trug diesen Rock nur, wenn kein anderer sauber in meinem Kleiderschrank hing.

Das Jahr verging und als der neue Winter kam, war die Länge dieses Faltenrockes nicht mehr knieumspielend. Er endete jetzt über meinem Knie. Ich hoffte so sehr, dass ich einen neuen Rock bekäme, aber Mama hatte durch Herauslassen des Saums den Rock wieder auf die richtige Länge gebracht. So musste ich das hässliche, anthrazitfarbene Ding einen weiteren Winter tragen. Ich hasste diesen Rock. Und wenn ich Kniestrümpfe im Frühjahr trug, war da immer das ewige Piksen des Stoffes auf meiner Haut.

Irgendwann musste ich ihn wieder anziehen, weil die anderen, die auf dem Speicher auf der Wäscheleine hingen, noch nicht trocken waren. Ich bemerkte, dass er inzwischen zu eng geworden war und grinste breit.

„Dieses Mal kann ihn Mama nicht mehr umändern", flüsterte ich erleichtert zu mir selbst. Aber irgendwie presste ich mich noch einmal hinein, um guten Willen zu zeigen. An jenem Tag hatte ich einen Termin beim Orthopäden wegen meiner Füße. „Mama, wann kriege ich die Einlagen denn?", fragte ich Mama, als wir die Praxis des Orthopäden wieder verlassen hatten. „Ich denke so in einer Woche", entgegnete Mama und hing ihre Handtasche an den Moped-Lenker. „Ich bräuchte auch noch neue Schuhe. Die hier sind mir schon zu klein. Mein Zeh stößt schon vorne dran", sagte ich. Wir standen in der Nähe des Schuhgeschäftes, wo Mama meine Schuhe immer kaufte.

Mama drehte ihren Kopf zu mir. „Die Schuhe kaufen wir erst, wenn du die Einlagen hast", sagte sie barsch und trat die Maschine an. Enttäuscht senkte ich meinen Kopf.

Als wir zur Haustür rein kamen, stand meine Schwester unten im Flur. „Wenn du gleich Zeit hast, kannst du mal hochkommen. Ich habe was für dich", sagte sie und grinste mich freudestrahlend an. „Komme gleich, was hast du denn?", bohrte ich neugierig nach und hing meine Jacke an die Garderobe. „Wirst du gleich sehen, wenn du hochkommst", erwiderte meine Schwester, während sie schon wieder die Treppe hinaufging.

Sekunden später folgte ich ihr in unser gemeinsames Zimmer. Auf ihrem Bett lagen jede Menge gestapelter Anziehsachen. „Und was ist damit?", hakte ich nach und zeigte auf den Stapel. Meine Schwester grinste mich an. „Mama hat gesagt, ich soll meinen Schrank nach Sachen durchforsten, die mir zu klein sind. Und ich soll sie dir geben, weil du ja nicht mehr so viel hast, was dir passt", sagte sie hämisch grinsend und reichte mir als erstes Kleidungsstück ihren anthrazitfarbenen Kellerfaltenrock. Sie hat ihn genauso sehr gehasst wie ich und war sichtlich froh, ihn los zu sein. „Zieh mal an, der müsste dir jetzt genau passen." Ich stöhnte laut. „Aber ich mag nicht. Schon gar nicht diesen ollen blöden Rock, das Ding pickst wie Teufel." „Du probierst ihn an!", herrschte mich Mama plötzlich an. Sie war uns gefolgt und stand genau hinter mir. Nach wenigen Minuten hatte ich ihn an. „Der passt und der wird auch noch nächstes Jahr passen, da ist noch genügend Saum drin. Den kann ich dann bei

Zeiten auslassen", meinte Mama mit einem lächelnden Gesichtsausdruck. „Mama, ich mag diesen Rock aber nicht", wehrte ich mich lautstark. „Schluss jetzt, den ziehst du an! Wir haben kein Geld, um ständig neue Sachen zu kaufen. Du kannst ruhig die Sachen deiner Schwester weitertragen. Paula hat sie sehr ordentlich behandelt, da ist nichts dran. Hast du mich verstanden", schloss Mama im Befehlston Ihre Rede.

Ich traute mich nicht Widerworte zu geben, so ernst war ihr Gesichtsausdruck.

Vier Tage später holten Mama und ich die Einlagen beim Orthopäden ab. „Gehen wir jetzt endlich Schuhe kaufen? Ich habe an dem einen Zeh schon fast Hühneraugen." Mama nickte, sie nahm mich an die Hand. Wir überquerten gemeinsam die stark befahrene Straße und waren nach wenigen Metern im Schuhgeschäft angekommen. Der Verkäufer stürmte auf uns zu. „Gnädige Frau, womit kann ich Ihnen dienen?", fragte er Mama lächelnd. Mama blickte erst mich und dann den Verkäufer an. „Für sie brauchen wir Schuhe, aber in die Schuhe müssen auch diese Einlagen rein passen." Während Mama die Einlagen aus ihrer Handtasche kramte, lief ich zum Schuhregal. „Hier Mama, guck mal. Die sind schön, die müssten mir auch passen", sagte ich freudestrahlend und zeigte ihr einen geschlossenen Lackschuh mit etwas Absatz. Mama blickte mich ernst an und kam zu mir. Sie beugte sich leicht zu mir herunter. „Du hast schon Lackschuhe. Die hast du vor einem halben Jahr bekommen und wie sehen die jetzt aus? Die Kappen vorne sind schon völlig zerstoßen", sagte sie mir etwas leiser, damit der Verkäufer nicht so viel mitbekam. Ich warf Mama einen traurigen Blick zu, während sie sich wieder aufrichtete. „Nein", gab sie jetzt energisch von sich und drehte sich zu einem Regal um, wo Jungenschuhe standen. Mama hatte plötzlich einen Schuh in ihrer Hand. „Hier, das ist genau das Richtige für dich. Probiere ihn mal an, der müsste passen", sagte sie bestimmend. Sie hatte in Windeseile die Einlage hineingelegt und den Schuh vor meine Füße gestellt. Widerwillig zog ich den dunkelgrünen Schuh an und band die Schnürsenkel zu, die sich oberhalb einer mit Fransen besetzten Lasche befanden. Dann schaute ich an mir herab und blickte auf die engzulaufende Spitze. Er sah gar nicht nach Mädchenschuh aus. Mama beugte sich herab und tastete nach meinen Zehen. „Genug Platz hast du. Wie sitzen sie sonst? Mach mal ein paar Schritte", befahl sie leise. „Ich hätte da auch noch dieses Modell für ihre Tochter", sagte der Verkäufer und zeigte Mama ein paar hochgeschnürte Mädchenschuhe. „Nein, nein, ich habe etwas Passendes gefunden", antwortete Mama leicht schnippisch.

Als ich zurückkam, machte ich ein leicht gequältes Gesicht. „Sie passen. Aber Mama, die gefallen mir nicht", flüsterte ich ihr leise zu. „Du nimmst sie, da gibt es keine Widerrede und du trägst sie auch." Mama hatte ihre Entscheidung getroffen. Der Verkäufer sah mich mitleidig an. Nachdem ich die Schuhe ausgezogen und Mama sie bezahlt hatte, verließen wir den Laden und fuhren heim.

Einen Tag später ging ich wie üblich in die Schule. Als ich mit meinen Mitschülerinnen auf dem Pausenhof vor der ersten Stunde warten musste, kam Andrea auf mich zu. „Du hast ja Jungenschuhe an. Das sieht aber doof aus", sagte sie verächtlich zu mir, zeigte mit einem Finger auf die Schuhe und fing laut an zu lachen. Es war so laut, dass auch die anderen Mädchen sich dazugesellten und nachfragten, warum sie so lachte. „Guckt euch mal die Schuhe an", rief sie spöttisch. „Na und! Ich muss Einlagen tragen und wir haben keine anderen Schuhe gefunden, wo sie reinpassen", schrie ich die Mädchen mit Tränen in den Augen an und versuchte mich zu verteidigen. Es brachte nichts. Meine Klassenkameradinnen grinsten schadenfroh, tuschelten mit-einander und zeigten mit ihren Fingern auf meine Schuhe.

Das war kein schöner Schultag gewesen.

DIE TRECKERFAHRT

Es war ein wunderschöner, warmer Tag Ende März. Ich hatte zum Glück nur drei Schulstunden an diesem Tag und fuhr mit dem Schulbus Richtung Heimat. An der Straßenabzweigung, die zu unserem Haus führte, stieg ich aus und ging mit meinen Ranzen in einer Hand nach Hause. Dabei schwang ich ihn leicht hin und her. Ich war gut gelaunt und sang lautstark:

When you're alone and life is making you lonely
You can always go
Downtown
When you've got worries, all the noise and the
hurry
It seems to help, I know
Downtown

Richtig aussprechen konnte ich viele der englischen Worte nicht, deshalb begann ich sie zu summen. Wenn der Liedtext es erforderte, rief ich dann Downtown in die freie Natur. Es war mein Lieblingslied von der Interpretin Petrula Clark. Den Inhalt des Textes habe ich erst viele Jahre später verstanden. Aber die Melodie hatte es mir angetan und klingt auch heute noch oft in meinem Ohr.

So beschwingt war ich schon einen Teil der Straße entlang gegangen, als ich plötzlich einen herrlichen Duft erschnupperte. „Hm, lecker", rief ich laut aus. Der Duft von Reibekuchen umschmeichelte meine Nase.

Ich lief los und nach wenigen Minuten stürmte ich durch die offenstehende Haustür Richtung Küche. „Wann gibt es Essen?", überfiel ich Mama. Sie stand am Kohleherd und zuckte zusammen. „Du bist schon da?", fragte sie erschrocken und runzelte die Stirn. „Ja", grinste ich sie an. Mama drehte ihren Kopf und blickte Richtung Küchenuhr. „Du musst dich noch etwas gedulden, wir warten mit dem Essen, bis deine Schwester auch da ist. Du kannst ja schon mal mit den Hausaufgaben anfangen", sagte sie mit befehlerischem Unterton. „Och man Mama", schmollte ich missmutig und hungrig, drehte mich aber um und ging mit der Schultasche ins Esszimmer.

Ich kramte meine Sachen heraus und legte sie auf den Esstisch. Mein Magen knurrte ganz fürchterlich. Es half jedoch nichts, da musste ich jetzt durch und begann mit meinen Rechenaufgaben. Es waren einfache Päckchenaufgaben, die wir lösen mussten.

Nach etwa einer halben Stunde war ich damit fertig. „Mama, kannst du mal gucken, ob das richtig ist", rief ich laut in Richtung Küche. „Komme gleich, leg das Heft beiseite und fang schon mal an den Tisch zu decken", kommandierte sie mich.

Minuten später überflog sie mein Gekritzel. „Ich glaube, das ist richtig so, du hättest aber ordentlicher schreiben können", sagte sie genervt. Nachdem ich die Schulsachen in den

Ranzen gepackt und den Tisch gedeckt hatte, kam Papa ins Esszimmer. „Gibt es gleich Essen?", fragte er und setzte sich an seinen Platz. Mama nickte. „Paula müsste auch gleich kommen, wir fangen aber jetzt trotzdem an zu essen", sagte sie und holte die Reibekuchen aus dem Backofen.

Ich setzte mich auf meinen Platz und wartete, bis Papa sich die ersten Reibekuchen auf seinen Teller gelegt hatte. Dann nahmen Oma und Mama von dem Reibekuchenberg in der Mitte des Tisches. Als Letzte durfte ich mir welche nehmen. Wir waren fast mit unserer Mahlzeit fertig, da trudelte auch meine Schwester endlich ein. Sie betrat das Esszimmer, stellte ihre Schultasche in einer Ecke ab und setzte sich zu uns. „Ihr hättet aber auch warten können", beschwerte sie sich leise. „Warum kommst du so spät?", fragte Mama neugierig und guckte sie mit ernsten Augen an. „Der blöde Bus kam so spät", entgegnete sie genervt und füllte sich ihren Teller mit Reibekuchen. Mama schaute Papa an. „Was machst du gleich?", wollte sie von ihm interessiert wissen. „Ich muss die Weiden schleppen, ich fange gleich nach dem Essen damit an."

Nach etwa einer viertel Stunde verließ Papa den Raum und ging zum Trecker-Schuppen. Mama und Oma hatten den Tisch abgeräumt. Meine Schwester und ich begannen mit unseren Hausaufgaben, während Oma und Mama sich um den Abwasch kümmerten.

Mama kam nach einiger Zeit zurück und setzte sich mit an den Tisch. Sie schaute uns einen Augenblick zu, dann verschränkte sie ihre Arme auf der Tischplatte und legte ihren Kopf darauf. „Ein halbes Stündchen", flüsterte sie und nickte ein. Als ich mit meinen Aufgaben fertig war, packte ich leise ein. Paula blickte auf. „Ich bin auch gleich soweit", flüsterte sie mir zu. Ich nickte, schlich mich raus und ging auf den Hof. Ich sah, wie

Papa mit dem 11er-Deutz auf einer Weide fuhr. Nach kurzer Überlegung lief ich zu ihm und kletterte auf den fahrenden Trecker. „Das ist gefährlich, was du da machst", schimpfte er. „Ich weiß, aber ich kann das schon", erwiderte ich selbstbewusst und setzte mich auf die Sitzbank des Kotflügels. „Muss nur diese Weide geschleppt werden?", fragte ich neugierig. „Nein, die anderen müssen auch noch", sagte Papa, während er gerade eine Kurve am Ende der Weide fuhr. Ich blickte auf die Schleppe, wie sie die Maulwurfs-haufen platt zog und sich die krümelige Erde verteilte.

Nachdem Papa einige Runden gezogen hatte, stand meine Schwester seitlich des Weidetors und schaute zu uns rüber. Sie machte Handzeichen, das wir anhalten sollten. Mein Vater stoppte den Trecker in der Nähe meiner Schwester. „Papa, da ist jemand am Telefon für dich", schrie sie in unsere Richtung und wollte sich gerade wieder umdrehen. „Bleib stehen", rief er ihr laut zu, stieg vom Trecker und ging auf sie zu. „Du kannst weiterschleppen", sagte er ärgerlich, weil er es nicht mochte, in seiner Arbeit unterbrochen zu werden. Meine Schwester verzog ihr Gesicht, folgte widerwillig seiner Anordnung und setzte sich auf den Fahrersitz. „Au prima, darf ich lenken?", flüsterte ich gerade so laut, dass sie es hören konnte. Meine Schwester presste ihre Lippen fest aufeinander und sah mich ernst an. Dann legte sie einen Gang ein und fuhr los. Papa ging Richtung Haus. „Ich will lenken", sagte ich energisch zu ihr, nachdem ich mich überzeugt hatte, dass Papa ins Haus gegangen war. Ich rückte auf der Sitzbank ein Stück nach vorne, um besser an den Lenker zu kommen. „Ist Papa wirklich drinnen?", vergewisserte sie sich und sah mich an. Ich nickte und griff nach dem Lenker. „Aber geradeaus fahren! Papa sieht das, ob ich richtig geschleppt habe oder nicht", meckerte sie. „Ich kann das", sagte ich laut und prompt machte der Trecker eine leichte Kurve. „Gerade!", schimpfte sie, ergriff wieder das Lenkrad und korrigierte die Richtung. „Lass mich, ich kann das auch", meckerte ich zurück und versuchte die Schlepprichtung zu halten. Wir fuhren bis ans andere Ende der Weide und kamen in einem großen Bogen auf der anderen Seite zurück. „Papa steht da", rief sie plötzlich erstaunt. Ich zog meine Hand blitzschnell vom Lenker. Papa näherte sich mit großen Schritten, als wir auf ihn zufuhren. Meine Schwester hielt an. „Paula, schlepp Du die Weide fertig! Ich muss weg", sagte er im Kommandoton. Er drehte sich um und ging wieder Richtung Haus. Obwohl sie eigentlich keine Lust zu dieser Arbeit hatte, huschte meiner Schwester ein verräterisches Lächeln über ihr Gesicht. Sie fuhr wieder an. Ich freute mich. „Wir warten, bis Papa weg ist. Pass du auf und sag Bescheid, wenn er fort ist.", sagte sie.

Von dieser Sekunde an klebten meine Augen auf dem Hof und der Hofeinfahrt. Ich schaute mit Adleraugen auf eine bestimmte

Stelle des Hofes. Es dauerte gefühlte Stunden, bis Papa endlich den Hof mit seinem Moped verließ. „Er ist weg", rief ich begeistert.

Wir beide wechselten während der Fahrt schnell die Plätze. Ich war stolz wie Oskar, weil ich Trecker fahren durfte. An Gas, Kupplung und Bremse kam ich gerade so ran und konnte sie mit großem Kraftaufwand auch schon betätigen. „Nicht so schnell fahren und vor allem bleib gerade", wies meine Schwester mich an und verließ während der Fahrt den Trecker. Ich war glücklich und schleppte den Rest alleine.

Nach der letzten Runde hielt ich in unmittelbarer Nähe des Weidetors, stieg ab und lief ins Haus. „Ich bin fertig", rief ich lauthals im Flur. Als Erste kam Mama hinten aus der Waschküche. „Hast du das auch ordentlich gemacht?", erkundigte sie sich. „Habe ich", bestätigte ich und nickte zufrieden. Dann kam meine Schwester aus unserem Zimmer. „Ich helfe dir die Schleppe abhängen", rief sie und kam die Treppe hinunter.

Wir beide gingen zum Trecker und entfernten mit wenigen Handgriffen die Schleppe. Paula setzte sich auf den Fahrersitz und fuhr von der Weide herunter, ich saß wieder auf der Sitzbank.

Als wir mitten auf dem Hof waren, drehte sie ihren Kopf zu mir. „Sollen wir noch ne Runde drehen, bevor ich ihn in den Schuppen fahre?" „Au ja", antwortete ich freudestrahlend. Paula legte den dritten Gang ein, gab ordentlich Gas und fuhr vom Hof Richtung Straße. Meine Schwester legte kurz bevor der Privatweg endete, den vierten Gang ein. „Du musst gleich drehen", meckerte ich und sah sie entsetzt an. „Wir fahren die Straße bis oben kurz vor der Kreuzung und drehen da", gab sie grinsend von sich. Mir fiel das Herz in die Hose. „Und was ist, wenn die Polizei kommt?", wollte ich ängstlich von ihr wissen. Sie ignorierte meine Bedenken und fuhr in leichten Schlangenlinien die Straße entlang.

Wir kamen uns vor wie Rennfahrer, so viel Spaß machte es. An einer leichten Steigung wurde der Trecker ein bisschen langsamer, dafür wurden die Schlenker, die wir machten, immer größer.

Wir waren fast am Ende des kleinen Berges angekommen. Paula schlug das Lenkrad wieder leicht rechts ein. Da kam plötzlich der Trecker rechts von der Fahrbahn ab und fuhr durch einen Graben. Er blieb vor einem Weidezaunpfahl stehen. „Du hast ihn abgemurkst", rief ich erschrocken. Wir schauten uns verdattert an, der Schreck saß noch in unseren Knochen. „Und jetzt?", fragten wir uns gegenseitig und sahen auf den krummen Weidepfahl, der genau mittig vor dem Kühler stand. Wir beide kletterten hinunter und schauten uns an, was passiert war. „Zum Glück ist der Kühler heil geblieben", stellte meine Schwester erleichtert fest, als sie kein Wasser daraus tropfen sah. „Dafür ist der Pfahl aber krumm. Ich weiß nicht, ob er abgebrochen ist." Ich krabbelte durch den Stacheldrahtzaun und versuchte den Pfahl mit einer Hand etwas zu bewegen. „Das sieht so aus, als hätten wir ihn nur krumm gefahren, der steht noch", rief ich grinsend. „Lass uns mal probieren, ob wir den Trecker zurückschieben können", machte meine Schwester den Vorschlag. „Und, was ist, wenn er dann zurückrollt? So schnell können wir gar nicht wegspringen", gab ich ängstlich von mir. „Wir versuchen es trotzdem, irgendwie muss der Trecker hier weg. Wenn Papa nach Hause kommt und sieht, was wir angestellt haben, bekommen wir fürchterlichen Ärger", sagte sie ernst und ging zurück zum Fahrersitz. Sie nahm den Gang heraus und löste die Feststellbremse, der Trecker bewegte sich aber keinen Zentimeter. Ich krabbelte wieder durch den Zaun. Meine Schwester kam wieder vom

Trecker herunter und ging auf die linke Seite, während ich auf der rechten blieb. Wir deuten mit allen Kräften, die wir hatten. Der Trecker begann zu rollen. „Los! Nicht aufhören, dann schaffen wir es. Wir müssen durch die Kuhle", rief meine Schwester mir zu. Wir beide schoben noch heftiger.

Plötzlich blieb der Trecker abrupt stehen. „Was ist denn jetzt?" Erstaunt versuchten wir mit aller Kraft gegen einen Widerstand zu deuen, der plötzlich den Trecker wieder stoppte. „Weg da, der kommt zurück", schrie Paula mich entsetzt an und machte einen Satz zur Seite. Ich sprang ebenfalls zurück. Wir beide sahen, wie er wieder vorwärts rollte und in der Kuhle zum Stehen kam. „So ein Mist, wir hätten es beinahe geschafft, wenn wir den blöden Ast weggeräumt hätten", rief sie mir zu und zeigte auf das blockierende Holzstück hinter einem Hinterrad. „Den habe ich nicht gesehen, Du", stellte ich erstaunt fest und ging hin. Ich nahm den dicken Ast und warf ihn in einem hohen Bogen auf die andere Straßenseite in den Wald. „So, ein Mist", schimpfte ich wütend und blickte meine Schwester ratlos an. „Sollen wir es noch mal probieren? Wir müssen ihn aufschaukeln, dann könnte es klappen", meinte sie unsicher.

Sekunden später versuchten wir erneut unser Glück. Der Trecker war störrisch und ließ sich nicht richtig aufschaukeln.

Nach mehreren anstrengenden Versuchen mussten wir abgekämpft feststellen, dass wir es alleine nicht schaffen würden. „Wir gehen erst mal zu Mama und beichten, was passiert ist", japste meine Schwester völlig außer Atem und ging Richtung Hof. Ich folgte ihr. „Selbst, wenn Mama uns schieben hilft, kriegen wir ihn nicht mehr daraus."

Meine Mutter hing gerade die Wäsche im Baumhof auf. Es war eine kleinere Weide direkt neben unserem großen Gemüsegarten, wo viele Obstbäume standen. Zwischen den Bäumen hatte sie die Wäscheleinen gespannt.

„Ist etwas passiert?", rief sie erschrocken, als sie uns auf das Haus zugehen sah. Wir beide näherten uns ihr und beichteten. „Ihr habt nichts als Unsinn im Kopf", sagte sie grinsend und überlegte, wie wir aus dieser prekären Lage herauskommen könnten.

„Ich kann ihn nicht ankurbeln, da fehlt mir die Kraft zu und ihr wisst, dass Papa immer sagt, dass es gefährlich ist, wenn die Kurbel zurückschlägt. Egal wie wir es drehen, wir drei schaffen es nicht, ihn nach Hause zu holen. Wir müssen warten, bis Papa da ist", meinte sie nach längerer Zeit.

Paula und ich sahen uns ängstlich an und bekamen Schiss, dass Papa ein riesen Theater machen würde. Mit gesenkten Köpfen gingen wir zum Haus und setzten uns auf die Bank. Wir ließen unsere Köpfe rauchen, vielleicht gab es ja noch eine andere Möglichkeit. Egal was uns einfiel oder wie wir es drehten, wir kamen immer wieder zu dem Entschluss, dass wir es Papa beichten mussten, wenn er nach Hause kam. Je später es wurde, desto mehr

Bauch-schmerzen bekamen wir. Plötzlich hörten wir, wie ein Auto auf die Hofeinfahrt fuhr. Als wir das herannahende Auto sahen, besserte sich unsere Laune schlagartig. „Der kann uns den Trecker anmachen", sagten wir fast gleichzeitig.

Wir warteten, bis das Auto mitten auf dem Hof stehen geblieben und der Mann ausgestiegen war. „Kannst du uns den 11er Deutz ankurbeln?", überfiel meine Schwester unseren Schwager. „Wieso, wofür braucht ihr jetzt den Trecker?", fragte er verblüfft und sah uns völlig verständnislos an. Wir beide berichteten ihm abwechselnd, was und wie es passiert war. Horst starrte uns ungläubig an und begann urplötzlich lauthals an zu lachen. „Ja, ja, wenn man euch loslässt", sagte er immer noch lachend. Ich blickte ihn verständnislos an, mir war gar nicht zum Lachen zu Mute. „Bitte, bitte, kurbel ihn an", flehte meine Schwester ihn an.

Minuten später gingen wir gemeinsam an den Ort des Geschehens. Horst löste das

Motorhaubenblech und ich gab ihm die Zündhütchendose und den dazugehörigen Schlüssel aus der Kiste, die sich unter dem Blech befand. Mit wenigen Handgriffen hatte er ein Zündhütchen eingesetzt und die Haube wieder geschlossen. Dann kletterte er über den Zaun, um vorne an den Trecker zu kommen. Meine Schwester gab ihm die Kurbel, die seitlich in einem Kotflügelblech steckte. Horst kurbelte mit viel Schwung den 11er Deutz an. „Juch hu", schrie ich vor Begeisterung und bemerkte, wie meiner Schwester ein großer Stein vom Herzen viel. Sie gab einen lauten Seufzer von sich. Horst begann zu grinsen, kletterte wieder über den Zaun und setzte sich auf den Fahrersitz. Gemeinsam fuhren wir heim und unser Schwager stellte den Trecker in den Schuppen.

Nachdem wir abgestiegen waren, betrachteten wir den Kühlerbereich genauer. „Ihr habt echt Glück gehabt. Da ist noch nicht mal Farbe abgekratzt", stellte Horst fest, als er mit einer Hand den Staub verwischte, der sich immer auf dem Trecker befand. Es sah jetzt so aus, als wäre nichts passiert.

Anschließend gingen wir drei frohen Mutes Richtung Haus. Mama stand neben der Haustür. „Da habt ihr aber Glück gehabt", sagte sie und lächelte etwas. „Mama, sagst du es Papa?", fragte ich vorsichtig. Sie schüttelte ganz leicht ihren Kopf.

Einige Tage später saßen wir alle versammelt am Kaffeetisch. „An der Weide, die an der Straße liegt, ist ein Pfahl krumm gefahren worden. Möchte gern mal wissen, wer das war", meinte Papa plötzlich, als er einen Schluck aus seiner Tasse genommen hatte. Meine Schwester und ich zuckten zusammen, Mama verzog keine Miene. „Das kann ich dir auch nicht sagen. Dann musst du ihn richten, bevor wir die Tiere auf die Weide lassen", äußerte sie ruhig und gelassen. Plötzlich spürte ich, wie mir Blut in den Kopf stieg. „Habt ihr etwas damit zu tun?", hakte Papa bei mir nach, weil er mitbekommen hatte, dass mein Gesicht rot anlief. „Nein, ich weiß nichts davon", sagte ich blitzschnell und versuchte mein Gesicht zu verstecken. Papa senkte seinen Kopf und bohrte nicht weiter nach.

Monate später hatte Mama Papa erzählt, dass wir den Weidezaunpfahl krumm gefahren hatten. Er hatte es vermutlich schon lange Zeit geahnt. Zum Glück wurden wir dafür nie bestraft.

UNSERE RENNPISTE

Ich war fast neun Jahre alt. An einem Tag im September musste Mama, wie so oft, wenn Papa nicht da war, die Kühe melken. Während viele unserer Klassenkameraden in ihrer Freizeit spielen durften, mussten meine Schwester und ich regelmäßig unseren Eltern helfen. So schleppten wir auch an jenem Tag Milchkannen, fütterten die Tiere und machten andere notwendige Arbeiten, die Mama entlasteten. Wir drei waren ein eingespieltes Team, arbeiteten meist Hand in Hand, um schneller fertig zu werden. Wir wollten ja schließlich auch noch ein wenig Freizeit haben.

Nachdem ich alle meine notwendigen Arbeiten erledigt hatte, stellte ich mich auf die hintere Stallgasse und sah Mama zu, wie sie einen Melkeimer bei Meta anhängte. Es waren noch einige Kühe, die auf ihre Erleichterung warteten. Meine Schwester stand vor dem Milchwagen, auf dem die Kannen standen. Sie schüttete einen vollen Melkeimer in das große Sieb, das auf einer Zwanzig-Liter-Kanne stand. Ich schaute zu, wie langsam die Milch durch das Sieb nach unten in die Kanne floss.

„Wollen wir gleich noch Rollschuh laufen, Paula?", fragte ich. Mama hockte neben Meta und hielt eine Hand auf den Pulsator des Melkeimers. „Hast du alles fertig?", erkundigte sie sich und warf mir einen kurzen Blick zu. „Ja habe ich, habe auch alles ordentlich gemacht", erwiderte ich keck. „Mama dürfen wir?", wollte meine Schwester nun auch wissen, während sie ihr den leeren Melkeimer reichte. Mama nickte und lächelte. „Ihr helft mir aber nachher noch beim Wegräumen." „Juch hu. Das machen wir!", schrie ich vor Begeisterung und machte einen Luftsprung.

Meine Schwester und ich eilten in die Waschküche und kramten in einem Regal die verstellbaren Eisenrollschuhe heraus.

„Mal gucken, ob sie noch passen oder verstellt werden müssen", sagte ich, während ich ein kleineres Modell hervorzog. Schnell setzte ich mich auf die Treppe, die in den Stall führte und steckte einen meiner Schuhe in die Riemen der Eisenrollschuhe. Die eingestellte Riemengröße war für die Schuhe, die ich an hatte, zu eng. „Ich muss sie noch ein Loch größer machen, das passt nicht ganz", sagte ich laut zu mir, während sich meine Schwester neben mich setzte. Mit wenigen Handgriffen hatte ich die Schnallen verändert. „Wo fahren wir denn? Oberen Gang auch oder nur unten?", wollte meine Schwester wissen. „Wir können beide fahren, habe den oberen auch schon gekehrt", sagte ich freudig. „Klasse", grinste sie mich an, stand auf und rollte los.

Sekunden später folgte ich ihr. Meine Schwester drehte sich kurz um und sah mich fragend an. „Machen wir Wettrennen einmal von ganz hinten bis zur Treppe und zurück?"

„Aber nur wenn ich Vorsprung kriege, du bist immer schneller wie ich", gab ich mein Veto ein und blickte sie skeptisch an. „Kriegst du", rief sie mir zu und klatsche mit ihren Händen an die Wand.

Trotz des mir gewährten Vorsprungs hatte meine Schwester dreimal gewonnen. „Das macht keinen Spaß", nörgelte ich. „Du kannst eben nicht verlieren", rief sie gehässig und rollte Richtung Mama. Ich blieb an der Treppe stehen, zog mir vor lauter Enttäuschung die Rollschuhe aus und folgte ihr anschließend. Während meine Schwester nun auf der hintern Stallgasse hin und her rollte, half ich Mama.

Einige Milchkannen, die auf dem Wagen standen, waren schon voll. Ich nahm eine der Fünfzehn-Liter-Kannen und trug sie mit beiden Händen, die Kanne vor meinem Bauch haltend, in die Milchkammer. Das Wasserbassin, das die Milch in den Kannen kühlte, war 80 cm tief im Boden eingelassen. Als Abgrenzung zum Bassin war ein etwa zwanzig. Auf das stellte ich die Kanne ab, stieg selber hoch und ließ die Kanne langsam ins Wasser gleiten. Da schon einige Kannen im Bassin standen, musste ich aufpassen, dass ich keinen großen Wellengang verursachte, da sonst die Kannen hätten kippen und im schlimmsten Fall auslaufen können. Nachdem die Kanne im Wasser stand, schlenderte ich zurück.

Meine Schwester hielt sich am Milchwagen fest und grinste mich an. „Sollen wir nachher mal Moped fahren? Mama hat nichts dagegen", fragte sie und beugte sich nach vorn. „Au ja, das wäre toll", rief ich begeistert. „Aber erst helfen, damit wir fertig werden", hörten wir Mama reden, die zwischen zwei Kühen hockte. „Dann zieh deine Rollschuhe aus und hilf mir, dann sind wir schneller fertig", schlug ich Paula vor und schnappte mir eine volle Zwanzig-Liter-Kanne und ging wieder Richtung Milchkammer.

Kurze Zeit später räumte meine Schwester andere Teile, die Mama nicht mehr brauchte, an ihren Platz zurück. Es verging noch etwa eine dreiviertel Stunde, bis wir drei die Stallarbeit erledigt hatten.

Anschließend flitzte meine Schwester in den Schuppen und schob Mamas Moped, eine Zündapp Typ 433-022 heraus. Ich stand an der Milchkammertür, die zum Hof führte und sah ihr zu. Sie trat den Kickstarter, der Motor sprang an und sie schwang sich auf die Sitzbank. „Los komm", rief sie mir zu. Ich spurtete zu ihr, trat mit meinen linken Fuß auf ein Pedal des Sozius, schwang das rechte Bein über den Gepäckträger und lies mich auf den Sitz fallen. „Da wackelt das ganze Moped, wenn du dich so drauf knallst", meckerte meine Schwester lautstark. „Ich kann doch nix dafür, nu fahr doch schon los", drängelte ich und hielt mich an ihr fest, so wie ich es auch bei Mama sonst machte. Meine Schwester fuhr einige Male die Hofeinfahrt rauf und runter. „Darf ich auch mal fahren?", fragte ich, als wir auf dem Hof gerade drehen wollten. Meine Schwester hielt vor der

Haustür an. „Ich habe eine andere Idee. Frag mal Mama, ob du Papas Rixe nehmen darfst. Dann können wir beide fahren." „Das erlaubt sie nie", bezweifelte ich. Ich stieg vom Moped. Mama hatte irgendwie mitbekommen, dass wir beide schon wieder etwas aushecken. Sie kam gerade zur Haustür heraus. „Was ist los, was wollt ihr?"

„Mama, Mama, ich soll dich fragen, ob ich mit Papas Rixe fahren darf", stammelte ich. Es vergingen Sekunden, die mir wie eine Ewigkeit vorkamen. „Meinst du, das schaffst du? Ihr müsst aber erst mal gucken, wie viel Sprit im Tank ist", sagte Mama zu meinem Erstaunen.

Mein Herz pochte vor Freude, ich lief los und holte die Rixe aus dem Schuppen heraus. Anschließend drehte ich den Tankdeckel ab und schaute hinein, während ich die Maschine leicht hin und her bewegte. „Ist noch halb voll", brüllte ich aufgeregt über den Hof in Richtung Haustür. Ich wartete nicht auf eine Antwort, sondern schob die Rixe bis zu dem Punkt, wo meine Schwester stand. Mama stand neben ihr und blickte mich verschmitzt an.

Ich bockte die Rixe auf ihren Ständer, dann stellte ich mich auf die Pedale, trampelte und zog am Starthebel. Der Motor sprang an. Ich hatte oft zugesehen, wie mein Vater das machte. Meine Füße stellte ich wieder auf die Erde und hielt beide Hände am Lenker. Ruckartig schob ich die Rixe vom Ständer und setzte mich auf den fahrradähnlichen Sitz, mein rechtes Bein stellte ich wieder auf das Pedal und mein linkes blieb auf dem Boden.

Vorsichtig legte ich den ersten Gang ein und gab etwas Gas. Rumms. Die Maschine machte einen Satz nach vorn und ging aus. Mama grinste plötzlich. „Du bist doch noch zu klein", rief mir meine Schwester schadenfroh zu. „Bin ich nicht", protestierte ich lautstark und wiederholte die Prozedur. Auch diesmal würgte ich die Maschine ab. „Ich schaff das schon", rief ich schnell, als ich merkte, dass meine Schwester mich wieder ärgern wollte. „Lass sie mal, sie schafft es irgendwann. Sie muss es schließlich auch lernen", rief Mama plötzlich sehr zuversichtlich. Das spornte mich an. Nach dem dritten Versuch hatte ich es endlich geschafft und fuhr im ersten Gang langsam über den Hof.

Es war gar nicht so einfach, aber es machte riesigen Spaß. Meine Schwester startete auch und fuhr langsam neben mir her. „Du musst hochschalten!", brüllte sie mich an. Ich gab ziemlich viel Gas und so musste sie brüllen, damit ich sie hören konnte. Ich zog den Kupplungshebel und schaltete in den zweiten Gang. Rumms, wieder hatte ich die Rixe abgemurkst. Meine Schwester blieb fast neben mir stehen und wartete. „Du musst auch wieder Gas geben, wenn du geschaltet hast", erklärte sie, während ich langsam wieder losfuhr und versuchte hochzuschalten. „So ein Scheiß", schimpfte ich laut, als es wieder nicht funktioniert hatte mit dem hochschalten.

„Du sollst nicht fluchen, das sagt man nicht", hörte ich Mama quer über den Hof rufen. Ich ließ mich nicht entmutigen und versuchte es abermals. Nach einem weiteren Versuch hatte ich es geschafft und konnte jetzt sogar schon in den dritten Gang schalten. „Ich kanns, ich fahr im Dritten", schrie ich Mama vor Begeisterung aus der Ferne zu und näherte mich ihr schnell. „Aber jetzt ist Schluss, sonst merkt Papa noch was, wenn zu viel Sprit fehlt. Bring die Maschine in den Schuppen und stell sie ordentlich ab, so wie sie gestanden hatte", rief sie mir zu und grinste, als ich neben ihr zum Stehen gekommen war.

Es war selbstverständlich, dass in diesem Augenblick das zu tun galt, was Mama gesagt hatte. Denn mehr hätte sie heute nicht erlaubt. Auch meine Schwester stellte die Zündapp in den Schuppen. „Mama dürfen wir morgen oder übermorgen noch mal fahren", fragte ich vorlaut, als wir uns Mama gemeinsam näherten. Unsere Mutter überlegte. „Das müssen wir mal sehen. Kommt auch darauf an, wann Papa wieder Tanken fährt. Du kannst ihm nicht den ganzen Tank leer fahren", erklärte sie ihre Bedenken. Ich nickte zufrieden.

Einige Wochen später war Papa wieder unterwegs. Gleich nachdem wir die Stallarbeit erledigt hatten, gingen meine Schwester und ich hinaus. Wir holten Mamas Zündapp und Papas Rixe heraus. Wir beide standen mit laufenden Maschinen auf dem Hof und blickten in die gleiche Richtung. Wir hatten vermutlich auch die gleiche Idee.

„Au ja, das macht bestimmt noch mehr Spaß", rief ich ihr laut zu, als meine Schwester in Richtung eines Weidetors losfuhr. Ich folgte ihr mit etwas Abstand. Meine Schwester fuhr langsam und drehte mir für einen Augenblick ihr Gesicht zu. „Pass aber auf das du dich nicht auf die Nase legst", warnte sie mich. „Ja mache ich! Keine Panik", brüllte ich zurück und lenkte die Maschine über einen

Trampelpfad, den die Kühe hinterlassen hatten. Es ruckelte und holperte ganz ordentlich, die Stoßdämpfer hatten einiges zu tun. Bei den Löchern, die durch Regenausspülungen entstanden waren, musste ich extremste Vorsicht walten lassen. Aber immerhin konnte ich mit etwa 15 km/h drüber sausen. Meine Schwester nahm einen anderen Trampelpfad und fuhr schon etwas schneller. „Bis ans Ende der Weide?", schrie ich ihr zu und sah eine Sekunde zu ihr. Sie nickte. „Sei aber vorsichtig", rief sie besorgt zurück. Es dauerte nicht lange, da waren wir beide am anderen Ende der Weide angekommen, drehten um und fuhren zurück.

Bei unseren Fahrten waren wir nie auf Geschwindigkeit aus. Das machte uns keinen Spaß. Das Fahrverhalten der Maschinen zu lernen, bei unterschiedlichen Untergründen war für uns die größere Herausforderung.

Irgendwann hatte Papa spitz bekommen, dass wir über unsere Weiden gefahren sind. Er hat uns mit strengen Worten gerügt, aber uns auch ab diesem Zeitpunkt die Freiheit gegeben einiges zu probieren. Seine einzige Auflage war, dass die Maschinen keinen Schaden nehmen durften.

Wir sind viele Jahre unsere kleinen Rennen gefahren und haben jede Menge Erfahrung gemacht.

DIE GABEL

Papa hatte für Silage gemäht. Als er mit dem Trecker wieder zurück auf den Hof fuhr, spielte ich mit zwei Stühlen gerade Gummitwist. Er hielt in meiner Nähe an. „Hol mal Mama raus", rief er mir zu. „So ein Mist, vorbei. Ja, mache ich gleich", erwiderte ich patzig. Ich war wütend, dass ich nicht das Gummi mit meinen Füßen niedergedrückt hatte und somit mein eigenes Spiel verlor.

Ich lief ins Haus. „Mama, Mama, wo bist du? Papa hat gesagt, du sollst rauskommen", rief ich laut durch das Haus. „Ich bin hier." Ich hörte ihre Stimme aus der Speisekammer kommen und ging hin. „Mama, du sollst zu Papa kommen", äußerte ich mit Nachdruck. „Gleich", sagte meine Mutter gleichgültig. Ich drehte mich um und lief wieder hinaus, um weiter zu spielen. Immer wieder versuchte ich

Sprünge auf der Stellung Ober zu trainieren. Manchmal klappte es und manchmal nicht, was mich ziemlich ärgerlich machte. „Scheiße", fluchte ich. „So etwas sagt man nicht!", sagte Mama energisch zu mir, als sie plötzlich hinter mir stand. Ich zuckte zusammen. „Entschuldigung", murmelte ich reumütig und schaute in Mamas Gesicht. Sie hatte einen ernsten Gesichtsausdruck. „Räum das weg hier und hol Paula, wir müssen auf die Weide", ranzte sie mich auf einmal an. Widerspruch war zwecklos, nach dem Tonfall, den sie gerade hatte. Ich machte, was sie sagte.

Nach wenigen Minuten hatte ich alles weggeräumt und auch meine Schwester geholt. Als wir Mama an der Hofeinfahrt erblickten, hatte sie schon eine Heugabel und Heurechen in den Händen. „Kommt, wir müssen das Gras aus den Ecken holen", rief sie uns mürrisch zu. „Die hat aber schlechte Laune", flüsterte meine Schwester leise. Wir holten

Mama ein, sie gab meiner Schwester und mir jeweils einen Rechen. Die Gabel hielt sie weiterhin in der Hand. Schnellen Schrittes gingen wir zu der Weide, die Papa gemäht hatte.

Nach kurzer Zeit waren wir in einer der Ecken der Weide. „Ihr harkt zusammen", befahl Mama mit rauem Tonfall. Meine Schwester und ich machten uns an die Arbeit. Wir holten das geschnittene Gras aus der Ecke, wo Papa mit dem Silierwagen nicht hinkam und legten es auf Haufen. Mama trug das Gras dann in die Reihen, die noch auf Papas Arbeitsstrecke lagen und verteilte es dort. Mamas Laune besserte sich während der Arbeit. Ab und an scherzte sie sogar wieder.

Nach einiger Zeit waren wir endlich fertig und machten uns auf den Heimweg. Jetzt trug Mama die Rechen und ich die Heugabel. Wir drei gingen nebeneinander. Während wir gingen, bewegte ich die Heugabel ähnlich einem Spazierstock schwenkend durch die Luft. Die Zinken fielen in den Boden und hakten sich durch die Wucht des Aufpralls im Boden leicht fest. Mir machte es Spaß, irgendwie kam ich mir dabei sehr erwachsen vor. „Pass auf, dass du sie nicht in die Füße bekommst", ermahnte Mama mich, als sie bemerkte, mit wie viel Schwung ich es machte. „Ja mache ich, ich bin schon groß", entgegnete ich mit leichtem Stolz. Wir erzählten und machten Scherze, während wir weitergingen.

„Au wie", schrie Mama plötzlich laut auf und stoppte abrupt. Meine Schwester und ich blickten vor Mama auf den Boden. Ich sah plötzlich, dass der rechte Gabelzinken in Mamas linkem Fuß steckte. „Mama", rief ich entsetzt und zog die Gabel raus. Wir sahen auf ihren Fuß herab und erblickten ein kleines Loch am Rist, genau da, wo der Schuh endete. Es quoll etwas Blut heraus. Mama sah mich ernst und mit Schmerz verzerrtem Gesicht an. „Da siehst du, was du mit deinem Schlenkern angerichtet hast", knurrte sie mich wütend an. „Mama, das tut mir leid, das wollte ich nicht", antwortete ich kleinlaut und mit kullernden Tränen. Meine Schwester sagte nichts, sah mich aber sehr vorwurfsvoll an. Mama versuchte zu gehen, humpelte aber mehr oder minder Richtung Haus. Auf dem Weg sprachen wir kein Wort miteinander. Mama blickte mich zwischendurch immer Mal wieder verachtungsvoll an.

Als wir im Esszimmer angekommen waren, setzte sie sich, zog ihren Schuh und ihren Strumpf aus. Ich lehnte mit dem Rücken an der Wand und betrachtete den blutigen Strumpf. Ich senkte meinen Kopf und starrte auf den Boden, weil ich ein schlechtes Gewissen hatte. Meine Schwester holte schnell Verbandsmaterial herbei. Dann kam Papa herein. Mama und meine Schwester erzählten, was geschehen war. Papa holte tief Luft. „Wie oft habe ich dir schon gesagt, das Gabeln keine Spielzeuge sind", ranzte Papa mich an. Das hatte gesessen. Allein der Tonfall, den er von sich gab, kam einer Tracht

Prügel gleich. „Ich, ich wollte das doch …", stammelte ich unter Tränen. „Sei still, du siehst, was du angerichtet hast. Geh!", herrschte Mama mich an. Heulend lief ich hinaus und suchte mir einen Platz, wo ich alleine sein konnte.

Nach einigen Minuten war ich auf dem Heuboden und ging zu der Stelle, wo die Katzenmama seit zwei Wochen mit ihren Jungen war. Die Augen der Katzenkinder waren seit wenigen Tagen offen. Sie maunzten mich an, als ich mich neben sie in das Heu setzte. Ich nahm eines der Tiere in meinen Arm und kuschelte mit ihm. Es war Balsam für meine Seele.

Während ich mit den Kätzchen spielte, merkte ich nicht, wie die Zeit verging. „Wo bist du?", hörte ich meine Schwester plötzlich laut rufen. Ich erschrak, zuckte zusammen und bekam Angst. Dann wartete ich, bis ihr Rufen verstummt war, danach schlich ich erst vorsichtig ins Haus zurück. Auf leisen Sohlen schlich ich durch die Waschküche in die Küche. Mama war nicht zu sehen. Ich gab einen tiefen, aber leisen Seufzer von mir und ging leise und vorsichtig ins Esszimmer. Oma saß neben dem Kohleofen und erblickte mich. Sie sagte nichts, sah mich nur mitfühlend an. „Wo ist Mama?", fragte ich im Flüsterton. Oma zeigte Richtung Wohnzimmer. Ich nickte stumm. Mit gesenktem Kopf ging ich zu meiner Mutter. Sie saß auf dem Sofa, den kranken Fuß hatte sie hochgelegt. Ich setzte mich an ihre Seite und umarmte sie. „Mama, Mama, ich wollte dich nicht verletzen, es tut mir leid", stammelte ich leise unter Tränen. Mama blieb ruhig und gelassen. Sie erwiderte meine Umarmung nicht und sagte keinen Ton. Niedergeschlagen ging ich einige Minuten später in mein Zimmer.

Am darauf folgenden Morgen hatte Mama das Frühstück schon vorbereitet. Ich hatte mich angezogen und fertig gemacht. Ich lief die Treppe hinunter und ging ins Esszimmer.

„Guten Morgen", grüßte ich gut gelaunt meine Schwester und Mama, die schon am Tisch saßen. „Mama, wie geht es deinem Fuß?", erkundigte ich mich neugierig bei ihr. Mama drehte ihren Kopf etwas und blickte neben dem Tisch an sich hinunter. „Der ist ganz schön dick geworden und tut auch ordentlich weh", äußerte sie mit trauriger Stimme. „Das tut mir leid. Mama, ich wollte das gestern nicht!", entschuldigte ich mich nochmals bei ihr. Meine Mutter sah mich an. „Es ist halt passiert, ändern oder rückgängig machen können wir beide es auch nicht mehr", sagte sie, ohne mir weiter Vorhaltungen zu machen.

„Mama, ich muss gleich in die Schule fährst du mich bitte?", fragte ich vorsichtig nach. Mama stutzte und blickte mich erstaunt an. „Ich kann dich nicht fahren, das geht nicht. Du musst heute zu Hause bleiben", entgegnete sie mir. „Ich muss aber in die Schule, wir schreiben heute eine Klassenarbeit und die ist wichtig", protestierte ich. Mama verzog ihr Gesicht und stöhnte leicht. „Das hättest du dir vorher überlegen sollen, bevor du mir die Gabel in den Fuß gerammt hast", sagte Mama barsch. „Ich fahre dich. Wenn du nicht so wackelst, geht es bestimmt", gab meine Schwester kauend von sich. Mama sah entsetzt zu meiner Schwester und schüttelte ihren Kopf. „Du hast keinen Führerschein", stellte sie laut fest und runzelte ihre Stirn. „Sie werden uns schon nicht erwischen", behauptete meine Schwester selbstsicher und blickte auf die Küchenuhr. „Los komm, mach dich fertig", kommandierte sie mich plötzlich und ging Richtung Hinterausgang.

Nach einigen Minuten hatte sie Mamas Moped aus dem Schuppen geholt und wartete mit laufendem Motor unweit der Haustür. Ich stieg auf den Sozius und dann fuhr meine Schwester los. „Wackle aber nicht so", befahl sie mir. Ich hatte mich auf dem Sozius zu doll bewegt und sie bekam Schwierigkeiten, die

Maschine gerade zu halten. „Ich versuch´s", sagte ich, während ich meine Arme um ihren Bauch legte und sie Richtung Dorf fuhr. „Ich halte oben im Dorf, den Rest kannst du laufen. Brauch ja keiner wissen, dass ich dich gefahren habe", rief sie mir während der Fahrt zu. „Ist gut", gab ich von mir, stieg wie ausgemacht oben im Dorf ab und ging zur Haltestelle.

Nach Schulschluss fuhr der Bus immer eine andere Tour als morgens, es brauchte mich daher keiner abholen.

Meine Schwester fuhr mich in den folgenden Tagen morgens immer ins Dorf, damit ich in die Schule kam. Mamas Fuß besserte sich langsam. „Ich denke, nächste Woche kann ich auch wieder fahren", sagte sie an einem Freitag beim Frühstück.

Wie immer machten meine Schwester und ich uns gegen Viertel nach sieben mit dem Moped auf den Weg. Wir fuhren auf unserer Anliegerstraße die Steigung hinauf und sahen, dass auf dem geraden Stück ein grüner

Käfer stand. „Da steht ein Polizist auf der Straße", rief sie mir gerade so laut zu, dass ich es hören konnte, als sie ihn erblickt hatte. Wir beide bekamen fürchterlichen Bammel. „Umdrehen geht nicht mehr, er hat uns schon gesehen", sagte Paula leise zu mir und nahm den Gang heraus. Das Moped rollte langsam auf den Beamten zu. Sie hielt neben ihm an. „Guten Morgen", sagte der Beamte freundlich zu uns. „Guten Morgen", erwiderten wir höflich. „Hast du einen Führerschein, kannst du ihn mir zeigen?", fragte er freundlich, aber bestimmend. Meine Schwester schüttelte ihren Kopf und senkte ihn. „Wir tun das nicht mit Absicht. Ich muss zur Schule, aber meine Mutter kann nicht fahren. Ich habe sie mit der Gabel unabsichtlich in den Fuß gestochen, das wollte ich nicht. Und ich muss doch in die Schule", überrollte ich den Beamten mit meiner Aussage. Er schaute mich irritiert an und war für einige Sekunden sprachlos. „War – ist das so?", hakte er skeptisch nach und machte einen unentschlossenen Gesichtsausdruck. „Sie können ja nach uns runter fahren und gucken. Das ist wirklich so. Mama kann noch kein Moped fahren und Papa ist im Stall, die Kühe melken. Sie können nicht so lange warten, sonst tut denen nachher das Euter weh", platzte es weiter aus mir heraus. Ein Grinsen huschte über sein Gesicht, dann holte er einen Block aus seiner Uniformtasche, kritzelte etwas darauf und steckte ihn wieder weg. Meine Schwester und ich blickten uns währenddessen ängstlich an. „Ihr dreht jetzt sofort um und fahrt nach Hause", sagte er mit ernster Miene, die beängstigend für uns war. Ohne ein weiteres Wort mit ihm zu wechseln, drehte meine Schwester die Maschine um und fuhr heim.

„Ist was passiert?", fragte Mama, als sie uns beide ins Esszimmer kommen sah. „Renate kann ihre Klappe nicht halten, sie muss immer gleich losbrabbeln", schimpfte meine Schwester und erzählte ihr die Geschichte. Mama holte tief Luft und schaute mir in meine Augen. „Dann bleibst du heute halt zu Hause, und ich muss dir eine Entschuldigung für heute schreiben. Wir müssen nachher mit Papa noch darüber sprechen. Was da sonst noch auf uns zukommt, müssen wir abwarten." „Ich möchte mal gerne wissen, wer uns aus dem Dorf verpfiffen hat. Das ist schon sehr ungewöhnlich, dass genau heute da oben ein Polizist gewartet hat", meinte meine Schwester nachdenklich. „Es ist halt passiert", entgegnete Mama.

Einige Wochen später flatterte eine schriftliche Verwarnung wegen Schwarzfahren ins Haus.

ENDLICH MEIN EIGENES
ZIMMER

Mein Elternhaus war nicht so groß, das jedes Kind ein Zimmer hatte. Wir vier Schwestern mussten uns zwei Räume teilen. Die beiden Ältesten, Hilde und Christel, teilten sich einen Raum von sechzehn Quadratmeter. Hilde war zwölf, Christel neun und meine dritte Schwester Paula war schon fünf Jahre alt gewesen, wie ich auf die Welt kam.

Mit etwa zwei Jahren mussten Paula und ich uns das andere Zimmer mit etwa zwölf Quadratmetern teilen. Vorher hatte ich im Bett meiner Eltern mit geschlafen.

Wie ich vier Jahre alt war, heiratete meine älteste Schwester und zog mit Einwilligung meiner Eltern zu Hause aus. Nun hatte Christel ein Reich von sechzehn

Quadratmetern für sich ganz alleine. Paula und ich blieben in unserem Kämmerlein. Viel Mobiliar passte nicht hinein. Wir teilten uns den viertürigen Kleiderschrank im Stil der 50er-Jahre und ein großes Bett von ein mal zwei Meter. Es war ein altes weißes Bettgestell, wie es sie seinerzeit auch in Krankenhäusern gab, nur ohne Rollen. Wir schliefen Fuß an Fuß auf der dreiteiligen Matratze.

„Musst du mich immer so treten", meckerte meine Schwester eines Morgens, nachdem ich endlich wach geworden war. „Wieso, ich habe nichts gemacht", antwortete ich noch im Halbschlaf. „Du trittst und ich kann dadurch nicht schlafen", schimpfte sie lautstark. „Tue ich nicht", behauptete ich felsenfest. „Müsst ihr schon wieder streiten", hörten wir Mamas Stimme auf dem Flur, obwohl unsere Zimmertür noch geschlossen war. „Ja müssen wir", antwortete ich lautstark zurück. Plötzlich öffnete sich die Tür und Mama stand mit ernster Miene da. „Warum streitet ihr euch?", fragte sie mit energischem Ton. „Die tritt mich nachts immer, ich kann überhaupt nicht schlafen Mama", behauptete Paula. Sie stand an meinem Kopfende. Ich saß noch im Bett und blickte Mama entsetzt an. „Tue ich nicht, ich weiß nichts davon", schimpfte ich laut zurück. Mama sah mich ernst an, Sekunden später grinste sie. „Du trittst ganz ordentlich, frag mal deinen Vater. Der hat genau wie ich schon einige Tritte abbekommen, wenn du bei uns auf der Ritze geschlafen hast", sagte sie ruhig. „Siehst du, Mama und Papa, trittst du auch", grinste meine Schwester hämisch und zeigte mit ihrem Finger auf mich. „Aber ich mache das ganz bestimmt nicht mit Absicht", behauptete ich vorsichtig. „Davon gehe ich aus", sagte Mama, drehte sich um und ging aus dem Raum. „Siehste, ich kann nix dafür", grinste ich zu meiner Schwester und stand auf.

Nachdem wir uns beide angezogen hatten, gingen wir runter ins Esszimmer und frühstückten. Meine Schwester Christel war heute früh auch da. Sie saß am Tisch und genoss eine Tasse Kaffee, während wir uns mit warmer, frischer Kuhmilch begnügten. „Was war denn eben bei euch da oben los?", hakte Christel interessiert nach. „Wir haben uns wegen ihrer Trampelei, die sie nachts veranstaltet, gestritten. Ich kann dadurch nicht schlafen", meinte Paula kauend. „Ich mach das aber nicht mit Absicht, hat Mama gesagt", verteidigte ich mich lautstark. „Wartet noch die zwei Wochen, dann hat jeder von euch sein eigenes Zimmer. Dann hört endlich die Streiterei auf und du brauchst nicht mehr bei Papa und Mama im Bett schlafen", sagte Christel und grinste. „Bringst du die beiden zum Bus?", hörten wir drei Mama aus der Küche rufen. „Ja mache ich. Kommt, beeilt euch, sonst ist der Bus weg", forderte Christel uns auf und erhob sich. Wir drei verließen gemeinsam das Haus, Christel holte den Ferguson aus dem Schuppen und fuhr meine Schwester und mich ins Dorf zur Bushaltestelle.

Zwei Wochen später heiratete sie. Papa und Mama hatten aus Sorge um Hof und Tiere für diesen Tag einen Bekannten gebeten aufzupassen. Opa Mathes hielt also seit den frühen Morgenstunden die Stellung. Als das Abendessen der Hochzeitsfeierlichkeit vorüber war, mussten meine Schwester Paula und ich das Fest verlassen. Onkel Paul brachte uns gegen acht Uhr zurück auf den Hof.

Nachdem wir ausgestiegen waren, liefen wir durch die Milchkammer ins Haus. Leise öffneten wir die Tür zur Küche, schlüpften hindurch und machten im Durchgang zwischen Küche und Esszimmer halt. „Wir sind zu Hause", riefen Paula und ich fast gleichzeitig. Opa Mathes grinste. „Das sehe ich. Ich nehme an, ihr geht auch bald zu Bett, oder?", erkundigte er sich und schaute dabei Paula an. Sie blickte einen Moment in mein Gesicht, dann sah sie wieder zu Opa Mathes. „Wir haben morgen schulfrei und können noch etwas aufbleiben!", sagte sie, dann gingen wir beide hoch in unser Zimmer. Wir setzten uns für einige Minuten auf unser gemeinsames Bett und stützten unsere Ellbogen auf unsere Oberschenkel, hielten mit unseren Händen unseren Kopf und überlegten. „Du, wir könnten doch gleich damit anfangen umzuräumen und brauchen damit nicht bis morgen warten. Wir müssen nur leise sein, Mathes braucht von der Aktion ja nichts mitbekommen", sagte meine Schwester plötzlich und sprang vom Bett auf. „Au ja, lass uns loslegen", rief ich laut. Paula legte schnell ihren Zeigefinger auf ihren Mund. Ich nickte stumm.

Wir beide gingen in den Raum, den Christel bis zu diesem Tag bewohnt hatte. Sie hatte alle ihre Möbel zu Hause gelassen. Nur ihre Kleidung und ihre Aussteuer hat sie mitgenommen. „Willst du alles so stehen lassen oder sollen wir umräumen?", fragte ich leise und schaute sie an. Meine Schwester dachte nach. „Das Holzbett kommt auf den Speicher. Da steht noch ein Eisengestell, das kommt hier rein. Die Frisierkommode rücken wir an die andere Wand und den Schrank lassen wir so stehen. Was hältst du davon?", fragte meine Schwester schließlich. „Ich wollte aber das Bundeswehrbett haben. Den Rest können wir gerne so machen", entgegnete ich enttäuscht. „Das kriege ich! Du kannst dir das andere nehmen, das da noch auf dem Speicher steht. Das ist allemal besser wie das, was du jetzt in deinem Zimmer stehen hast." „Stimmt, das ist ja ab jetzt mein Zimmer", murmelte ich leise und merkte das erste Mal ganz bewusst, dass ich jetzt ein Zimmer für mich alleine hatte. „Komm lass uns anfangen, aber leise sein!", sagte meine Schwester auffordernd.

Wir beide begannen Christels Bett abzubauen und brachten alles, was wir nicht brauchten, auf den großen Speicher. Dann räumten wir aus meinem Zimmer die Sachen um, die meine Schwester brauchte. Alles machten wir möglichst leise, um Opa Mathes glauben zu lassen, dass wir schon schliefen.

Wir wussten, dass er aufgrund seines Alters etwas schwerhörig war. Meist war es aber so, dass er das, was er nicht hören sollte, voll mitbekam und dass, was er hören sollte, überhörte. Während wir zwischen den Zimmern leise hin und her gingen, hörten wir, wie Opa Mathes unten im Flur vom Esszimmer ins Wohnzimmer ging.

Nach etwa zwei Stunden war Paulas Zimmer fast fertig und wir hatten auch keine Lust mehr. Jede von uns ging in ihr eigenes Zimmer und in sein eigenes Bett.

Am darauffolgenden Morgen machte Mama meine Zimmertür auf. Ich war schon seit längerer Zeit wach und saß im Bett. „Was ist denn hier passiert? Wo ist denn deine Schwester?", fragte Mama irritiert. „Die ist neben an, wir haben gestern schon umgeräumt", gab ich freudestrahlend von mir. Mama nickte. „Du musst aber jetzt aufstehen und uns helfen, ich sage Paula auch noch Bescheid. Beeile dich aber", kommandierte sie. „Mama, warte mal", rief ich ihr zu. Ich krabbelte aus meinem Bett und stellte mich ans Fußende. Meine Mutter verharrte einen Augenblick in der Tür und blickte mich an. „Mama, ich möchte mein Zimmer neu tapezieren. Zeigst du mir, wie das geht und haben wir noch Tapete?" Mama stutzte. „Wir besprechen das nachher. Das kannst du gern machen. Aber wir reden nachher darüber", antwortete sie schließlich und verließ eilig den Raum.

Einige Wochen später hatte Mama mir beim Tapezieren geholfen. Das Bettgestell hatte ich gegen ein anderes, was sich noch auf unserem Speicher befand, ausgetauscht. Nun sah alles nicht mehr so wuchtig aus in dem kleinen Raum.

Endlich hatte ich mein eigenes Zimmer.

DER FREUND

Nachdem der Unterricht für diesen Tag beendet war, ging ich mit einigen Klassenkameradinnen zügig zur Bushaltestelle. Der Schulbus war noch nicht da und wir mussten warten. Iris, eine meiner Tischnachbarinnen, hatte an jenem Tag Geburtstag. „Kommst du auch wirklich zu meiner Geburtstagsparty?", bohrte sie noch mal bei mir nach und sah mich fragend an. „Meine Mama hat gesagt, ich darf kommen", grinste ich sie voller Vorfreude an. „Schön, das freut mich." Iris erwiderte das Lächeln.

Plötzlich fuhr ein beigefarbener Mercedes auf das Gelände der Bushaltestelle. Iris und ich sahen zu, wie der Pkw auf unsere Gruppe zufuhr. „Da ist meine Mama und holt mich ab. Das ist ja eine Überraschung. Sie hat mir heute früh nichts davon gesagt", platzte es aus ihr heraus. Das Auto blieb stehen, Iris lief hin und öffnete die Beifahrertür. „Wer will noch mit fahren?", rief Iris Mama laut aus dem Wagen. Andrea meldete sich als Erste, dann folgte Monika. Die beiden Mädchen stiegen hinten ein. Iris stand noch neben der Beifahrertür und blickte in Richtung eines Jungen, der etwas abseits stand. „Willst du auch mit Wolfgang?" „Prima ja", rief Wolfgang zurück, lief schnell zum Wagen und setzte sich zu Monika und Andrea nach hinten. „Tschüss, bis nachher", rief Iris mir noch zu, dann stieg sie ein und zog mit einem lauten Knall die Beifahrertür zu. Nach wenigen Sekunden hatte Iris Mama den Platz verlassen. Nur Sylvia stand noch neben mir.

Kurze Zeit später bog der Schulbus von der Hauptstraße ab und fuhr zu unserer Haltestelle. „Oh Mist", grummelte ich leise, als ich das Gesicht des Fahrers erkannte. Nachdem ich eingestiegen war und der Fahrer seine Tour begann, bekam ich

Bauchgrummeln. Sylvia hatte sich neben mich gesetzt und beugte ihren Kopf zu meinem herüber. „Was ist mit dir?", fragte sie mich leise. Ich stöhnte kaum hörbar. „Nichts, ich hab nichts. Hatte gerade nur ein komisches Gefühl im Bauch. Geht schon besser." Ich versuchte gleichgültig zu erscheinen, da ich ihr nicht zeigen wollte, dass ich Angst vor dem Busfahrer hatte. Sylvia nickte, dann schaute sie aus dem Fenster. Wir beide saßen schweigend in der zweiten Sitzreihe auf der rechten Seite. Ich lehnte mich etwas in den Gang und schaute nach vorn durch die große Windschutzscheibe.

Nachdem der Bus einige Haltestellen auf der Hauptstraße angefahren hatte, bog er in eine Seitenstraße ein. Ich stand auf und ging zwei Schritte durch den Gang. Ich hielt mich an einer Stange fest und stand jetzt auf Höhe des Fahrersitzes. Der Fahrer sah mich kurz mit ernster Miene an. Mein Herz rutschte tiefer. „Du weißt, dass du hier vorne nichts verloren hast", meckerte der Fahrer mich sofort an. „Ich weiß, aber ich möchte fragen, ob sie mich da vorne an der Gabelung rauslassen könnten? Die anderen Fahrer halten da auch immer", fragte ich ihn höflich und zeigte auf die Straßenabzweigung, wo unsere Anliegerstraße begann. Der Fahrer schaute die ganze Zeit nach vorn auf die Straße. „Das ist keine offizielle Haltstelle", meckerte er. „Ich weiß, aber meine Mama hat mit Herrn Schmitz vereinbart, dass die Fahrer hier halten dürfen", sagte ich mit fester Stimme und beobachtete, wie wir uns der Abzweigung immer weiter näherten. „Davon hat Herr Schmitz mir nichts gesagt", ranzte der Fahrer zurück. „Aber die anderen halten doch auch alle hier und lassen mich hier immer raus", erwiderte ich jetzt mit leicht zittriger Stimme. Der Fahrer war gerade in diesem Moment langsam an der Stelle vorbeigefahren, wo ich sonst immer ausstieg. Tränen stiegen mir in die Augen, während ich auf die Straße starrte. Panikgefühle kamen in mir hoch. Mama war in der Stadt und Papa bestimmt irgendwo auf dem Feld. Keiner konnte mich aus dem Dorf abholen.

Meine Gedanken fuhren Achterbahn, während der Bus etwa 300 Meter gefahren war. „Bitte halten sie doch an, ich weiß sonst nicht, wie ich aus dem Dorf nach Hause kommen soll", wimmerte ich fast im Flüsterton und schaute den Fahrer an. Er blickte nun kurz in meine verheulten Augen. Der Bus wurde langsamer und nach etwa 50 Metern stoppte er endlich. „Ich lass dich hier raus", brummte der Mann. „Dankeschön", gab ich kleinlaut von mir und verließ schnell den Bus.

Meinem Magen ging es nun langsam wieder besser. „Doofkopf! Das ist ein Idiot", schimpfte ich laut vor mich hin, als der Bus wieder losgefahren war. Zum Glück musste ich nicht die Straße bis zur Abzweigung zurücklaufen, sondern konnte an einem

Weidezaun entlang auf einem Wirtschafts-
weg nach Hause gehen. Ich lief durch das
hohe nasse Gras, bis ich wieder auf unsere
Straße kam. Meine Strümpfe, ein Teil des
Rocks und meine Lederschuhe waren
pitschnass geworden. Bei jedem Schritt
quietschten meine Schuhe.

Einige Minuten später ging ich durch den
Hintereingang in die Küche. „Wie siehst du
denn aus?", fragte Oma entsetzt, die am
Küchenherd stand. „Der blöde Busfahrer hat
mich nicht an der Ecke rausgelassen. Er ist bis
zum Telegrafenmast gefahren. Erst da hat er
mich rausgelassen. Dann musste ich durch
das Gras laufen, um nach Hause zu
kommen", schimpfte ich laut zu Oma. „Du
kannst aber nichts dafür, dass er nicht an der
Straße gehalten hat", sagte Oma in ernstem
Tonfall, während ich an ihr vorbei ging. „Oma
da hast du Recht, aber ich bin immer noch
stinksauer auf den Fahrer. Ich geh mir jetzt
erst mal trockene Sachen anziehen", ent-

gegnete ich ihr aufgebracht und ging nach oben in mein Zimmer.

„Essen ist fertig, kommst du runter", rief Mama einige Zeit später unten vom Flur aus die Treppe hinauf. „Komme sofort", antwortete ich laut durch die offen stehende Zimmertür und lief hinunter. Mama saß schon am Tisch, als ich ins Esszimmer trat. „Oma hat erzählt, dass du pitschnass nach Hause gekommen bist. Hast du die Sachen zum Trocknen auf die Wäscheleine auf dem Speicher gehängt? Was ist mit deinen Schuhen? Du musst sie mit Zeitungspapier ausstopfen, damit sie trocken werden", sagte Mama barsch zu mir, als ich mich an den Tisch gesetzt hatte. „Habe ich alles schon gemacht Mama", sagte ich leise und blickte sie nachdenklich an. Ich hatte doch gar nichts Schlimmes gemacht, das sie mich so anmeckern musste.

Minuten des Schweigens vergingen. „Mama, bringst du mich nachher, wenn ich die Hausaufgaben fertig habe ins Dorf? Iris hat doch heute Geburtstag", fragte ich vorsichtig, nachdem Oma den Tisch abgedeckt hatte. Mama blickte mich streng an. „Erst die Hausaufgaben und dann sehen wir weiter", herrschte sie mich an.

Plötzlich klingelte das Telefon. Mama stand auf und ging ins Wohnzimmer, wo der Apparat stand. Ich hörte, wie Mama fragte: „Ist das wahr? War das wirklich so? Das kann ich nicht glauben. Vielen Dank für die Information." Dann legte Mama den Hörer auf die Gabel. Mit großen Schritten kam sie zurück ins Esszimmer, ihr Gesicht war puterrot angelaufen. „Wie kommst du dazu, Wolfgang zehn Mark zu schenken", schnauzte sie mich an. Ich blickte sie unschuldig an. „Aber Mama, das habe ich … - aua!", schrie ich plötzlich laut auf. Die Ohrfeige von Mama hatte gesessen. „Aber Mama, ich habe doch gar nicht…", versuchte ich mich zu wehren. „Halt den Mund!", schimpfte Mama laut und erhob wieder ihre Hand. Eingeschüchtert duckte ich mich. Mama senkte ihre Hand wieder und sah mich sehr ernst an. „Die Mutter von Wolfgang hat gerade angerufen und mir gesagt, dass du ihm die zehn Mark geschenkt hast. Die Frau saugt sich das doch nicht aus den Fingern. Irgendeiner von Euch beiden lügt doch hier und warum sollte er das tun?" Mama war ihre Enttäuschung ins Gesicht geschrieben. Sie setzte sich jetzt wieder an den Tisch. „Mama, ich habe Wolfgang das Geld nicht geschenkt, ich habe es ihm geliehen. Er wollte Iris ein Geschenk kaufen und ...", versuchte ich es ihr zu erklären. „Halt den Mund!", herrschte Mama mich nochmals an und blickte mich verachtungsvoll an.

In meinem tiefsten Inneren begann es fürchterlich zu kochen und ich überlegte. Warum belog Wolfgang seine Mutter und warum erzählte er ihr ausgerechnet jetzt, dass ich ihm das Geld gegeben hatte. Er hätte es ihr ja auch schon vor drei Tagen sagen können, wie ich es ihm geliehen hatte. Je mehr ich nachdachte, je merkwürdiger kam mir die Sache vor. Wolfgang war in den letzten Wochen oft nachmittags zu Fuß aus dem Dorf gekommen, um mit mir zu spielen. Ich fühlte mich geehrt, weil ich doch sonst nie Besuch von meinen Mitschülern bekam. Mich störte es auch nicht, dass er jedes Mal, wenn er kam, gefragt hat: „Hast du wieder so ein leckeres Brot für mich? Ich habe richtig Hunger." „Ich mache dir gern Schwarzbrot mit Rübenkraut, so viel du willst", sagte ich dann jedes Mal und ging mit ihm in die Küche. Ich nahm einfach die Sachen aus den Schränken, die wir dafür benötigten.

Mama war nicht sehr erfreut darüber, dass er zu uns kam. Eines Tages hatte sie, wie er gegessen und anschließend gegangen war, sogar abfällig gemeint: „Der frisst uns noch die Haare vom Kopf. Der Junge kriegt zu Hause nichts zu essen." Ich wusste, dass Wolfgangs Eltern noch weniger Geld hatten wie wir und bei uns gab es halt immer reichlich zu essen. Ich konnte mir dennoch nicht vorstellen, dass das stimmte, was Mama da behauptet hatte. „Du gehst nicht auf den Geburtstag heute. Das ist deine Strafe dafür, dass du mich belogen hast", sagte Mama plötzlich und holte mich so aus meinen Gedanken zurück. „Aber warum…?" „Sei still und kümmere dich um deine Hausaufgaben!", befahl Mama unwirsch und stand auf. Mir schossen Tränen in die Augen, die nach kurzer Zeit große Flecke in meinem Heft hinterließen. Ich konnte nicht mehr schreiben und musste erst mal Pause machen.

Am darauffolgenden Morgen brachte Mama meine Schwester und mich wieder ins Dorf zur Bushaltestelle. Als wir dort ankamen, standen schon viele Kinder dort. „Hallo, guten Morgen, wo warst du gestern? Du wolltest doch kommen?", überfiel mich Iris direkt, als ich mich zu ihr, Monika und Andrea gesellte. „Ich, ich durfte nicht, Mama konnte mich nicht fahren", stammelte ich leise und merkte, wie mein Gesicht langsam anfing zu brennen. 'Oh nein, nicht rot werden', durchfuhr es mich, weil ich soeben geschwindelt hatte. Ich senkte meinen Kopf etwas. „Die Fete gestern war wunderschön. Schade, dass du nicht dabei warst. Wolfgang hat Iris ein ganz tolles Poesiealbum geschenkt", erzählte Andrea und blickte mich mitleidig an. „Soll ich es dir mal zeigen?", fragte Iris plötzlich und griff nach ihrem Tornister. „Der Bus kommt", hörten wir jemanden plötzlich rufen. „Kannst du mir im Bus geben", antwortete ich und stellte mich in die Reihe der Mitschüler, die sich schon gebildet hatte.

Nachdem ich eingestiegen war, suchte ich eine freie Sitzbank für uns beide. Wolfgang war weit vor mir eingestiegen und saß in der zweiten Reihe. Er hielt den anderen Platz für jemanden frei, als ich an ihm vorbei ging. Hinter mir gingen Andrea, Monika und dann

Iris. Ich hatte eine Sitzbank gefunden und setzte mich schnell ans Fenster. „Ich habe hier einen für dich freigehalten", rief ich Iris zu, die noch im Gang stand. Sie schüttelte auf einmal ihren Kopf. „Ich bleib hier bei Wolfgang", rief sie zurück und setzte sich neben ihn. „Dann komm ich zu dir", entschied Monika, die noch immer nach einem Platz Ausschau hielt und setzte sich neben mich. „Was ist denn mit Wolfgang los? Vorige Tage hat er mir erzählt, er könne Iris nicht so wirklich leiden und jetzt hält er ihr einen Platz frei", erkundigte ich mich bei ihr. Monika schüttelte den Kopf. „Weiß auch nicht, der spinnt. Der war gestern auch schon so komisch zu ihr", flüsterte sie leise. „Hier nimm mal!", sagte plötzlich Bernd zu mir und reichte mir ein Poesiealbum. Ich nahm es entgegen und öffnete es neugierig. Monika beugte sich zu mir herüber und guckte mit. Direkt auf der zweiten Seite lasen wir gemeinsam:

Du bist mein Glück,
du bist mein Stern,
auch wenn du brummst,
ich hab dich gern.

Zur Erinnerung dein Wolfgang

„Guck mal, der hat lauter Glanzbilder mit Herzen auf die beiden Seiten geklebt." Monika zeigte auf die schönen Bildchen.

In diesem Augenblick wurde mir klar, dass er mich die ganze Zeit nur ausgenutzt hatte. Einmal wegen dem Geld und dann noch, um sich den Bauch vollzuschlagen. Ich war sehr enttäuscht.

ZU VIEL SCHNAPS

Ich kam von der Schule heim und ging wie immer ins Esszimmer. „Willst du mit? Ich will Hühner holen", fragte mich Mama, als ich meinen Tornister in eine Ecke des Raums stellte. „Au ja gerne", erwiderte ich freudestrahlend. Mama war schon soweit fertig angezogen, sodass wir beide direkt mit ihrem Moped losfahren konnten.

Nach einigen Kilometern kamen wir auf dem Hof des Tierhändlers an. Der Händler stand vor einer seiner Stalltüren. „Ich brauch noch ein paar Hühner!", rief ihm Mama bereits entgegen, als wir vom Moped abstiegen und auf ihn zugingen. Er lächelte verschmitzt. „Können sie gerne haben, wie viele sollen es denn sein?", fragte er freundlich. „Wie teuer sind sie denn?", hakte Mama nach. „Acht Mark!", antwortete er und grinste mich an.

„Fünf Stück reichen erst mal wieder, vielleicht brüten meine ja noch dieses Jahr", meinte Mama nach kurzer Überlegung. Der Händler nickte und ging in Richtung Stall.

Das Gackern der Hühner war schon von draußen zu hören. Wir folgten dem Mann in das Gebäude. Er nahm einen großen Karton aus einer Ecke und machte mit seinem Taschenmesser einige Löcher in die Seitenwände des Kartons. Dann ging er zu dem Pferch mit den Hühnern. „Was sind das denn für Tiere?", wollte Mama wissen und zeigte auf einen anderen Pferch mit kleinen jungen Tieren, die einen längeren Hals als sonst hatten. Sie sahen komisch nackig aus, ganz anders wie junge Hühner oder Enten. Ihr Kopf ähnelte irgendwie dem eines Fasans. „Das sind Puten, das ist der neueste Schrei. Sollen ziemlich lecker schmecken", meinte der Händler. „Und, wie schwer werden die, wenn sie ausgewachsen sind?" „So acht bis zehn Kilo, schätze ich. Sie sollen siebenerlei Fleisch haben", kam prompt seine Antwort. Mama überlegte nicht lange. „Da nehme ich auch fünf Stück mit, das probiere ich aus." Der Händler nickte zufrieden und holte einen zweiten Karton.

Mit wenigen gekonnten Handgriffen hatte er die Hühner und auch die Puten in den Kartons verstaut. Durch die Löcher der Kartons lugte ab und an eine Schnabelspitze hervor. Mama und ich trugen die Kisten zum Moped. Sie kramte aus ihrer Tasche eine Kordel hervor und zurrte die Kiste mit den Hühnern auf dem Gepäckträger der Zündapp fest. „Denn anderen hältst du fest", sagte sie, während sie dem Händler die geforderte Summe zahlte.

Dann trat Mama die Maschine an, bockte sie vom Ständer und setzte sich auf das vordere Ende der Sitzbank. Ich stellte den Karton auf das hintere Ende der Sitzbank, stieg auf meinen Tritt, kletterte hoch und setzte mich ebenfalls, soweit es ging, nach hinten. Der Karton befand sich jetzt zwischen Mamas

Rücken und meinem Bauch. Mama gab Gas und wir brausten Richtung Heimat.

Eine halbe Stunde später hielt Mama das Moped nahe unserer Haustür. „Wir müssen erst die Tiere versorgen", sagte sie, während sie ihren Ledermantel auf der Sitzbank des Mopeds ablegte. Wir beide gingen mit den Kartons Richtung Hühnerstall. „Mach den Stall auf, dann kann ich die Hühner rein tun", kommandierte sie. Ich stellte den Karton mit den Puten ab und tat, wie sie befohlen hatte. Sie ging in den Stall und lies die Tiere frei. Als sie zurückkam, beobachteten wir die Neuankömmlinge kurz, ob sie sich mit unseren Hühnern vertrugen. Unser Gockel näherte sich den neuen Tieren und sorgte direkt für Ordnung. Mit einem lauten Krähen machte er allen klar, wer hier der Herr im Haus war. „Die gewöhnen sich schnell ein", sagte Mama und schloss die Stalltür.

„Und wo sollen die Puten hin?", fragte ich neugierig. Mamas Gesichtsausdruck verriet mir, dass sie auch noch keinen Plan hatte. Wir überlegten. Plötzlich fiel Mamas Blick auf den leeren Karnickelstall. „Hier können wir sie erst mal rein tun", entschied sie. Ich nahm den Karton und trug ihn dorthin. Dann öffnete ich die untere Tür der großen Box und Mama nahm Pute für Pute aus dem Karton und ließ sie in den Stall hinein. Die Geräusche, die die Tiere währenddessen machten, waren schon eigenartig. So etwas hatten wir noch nicht gehört. „Lass sie mal gewähren", meinte Mama, als alle Tiere in der Box waren und wir sie für einen kurzen Moment noch beobachtet hatten. „Wir bauen nachher einen Pferch im Stall, aber du machst erst einmal deine Hausaufgaben", sagte Mama, bevor wir ins Haus gingen.

Einige Stunden später zäunten meine Schwester und ich mit Pfählen und Draht ein kleines Stück im Hühnerstall ab und brachten die Puten dorthin. Wir amüsierten uns über die Geräuschkulisse der Tiere. „Das sind komische Tiere", lachte meine Schwester. „Ich bin gespannt, wie sie aussehen, wenn sie groß sind", lachte ich mit.

Die Wochen vergingen, die Tiere wuchsen und so langsam stellten wir fest, dass es sich um drei weibliche und zwei männliche Tiere handelte. Die ersten Balzgeräusche der jetzt imposanten Truthähne beeindruckten uns sehr. Sie begannen mit den Schwanzfedern ihre Räder zu schlagen.

An einem Tag im Juni kam ein Auto auf den Hof gefahren. Mama und ich gingen aus dem Garten auf den Hof. „Hallo, schön dass ihr zwei auch noch mal bei uns vorbeikommt!", begrüßte Mama Siegfried und Sonja, als sie aus dem Auto ausgestiegen waren. „Guten Tag", sagten die beiden fast gleichzeitig und kamen zu uns. Sonjas Blick fiel Richtung Weide. Sie erspähte einen Truthahn, der gerade ein Rad schlug. „Habt ihr was Neues?", fragte sie neugierig. „Ja, wir haben jetzt sogar Puten", erzählte Mama stolz.

„Dann weiß ich ja, was für ein Weihnachtsbraten dieses Jahr bei uns auf dem Tisch stehen wird", grinste Sonja. „Nein, du kannst Ente oder Gans haben, die Puten müssen noch wachsen. Ich möchte erst mal für Nachzucht sorgen, bevor ich sie als Schlachttiere verkaufe", verneinte Mama. „Truthähne brüten, Hedwig!", meinte plötzlich Siegfried. „Das ist doch Blödsinn", erwiderte Mama und sah Siegfried irritiert an. „Nein, das ist kein Scherz! Sie machen das wirklich. Ich habe es schon öfter gehört", behauptete Siegfried felsenfest. „Hedwig, du musst ihm etwas Schabau geben, das funktioniert", bekräftigte er seine Aussage.

Im Frühjahr des kommenden Jahres legten die Puten ihre ersten Eier. Eine der drei Damen setzte sich auf ein kleines Gelege von fünf Eiern. Mama freute sich und separierte sie, um ihr die notwendige Ruhe zu gönnen. Etwa eineinhalb Wochen verstrichen. An einem Nachmittag schließlich kam Mama verärgert aus dem Hühnerstall ins Haus. „Die blöde Pute hat aufgehört zu brüten, die Eier sind faul", schimpfte sie, als sie sich an den Esstisch setzte. „Ich hatte so gehofft, dass ich keine jungen Tiere kaufen bräuchte", setzte sie nach. „Aber die andere brütet doch auch, Mama, und die hat mehr Eier drunter", stellte meine Schwester fest. „Und was ist, wenn die auch aufhört? Wir können die Eier nicht den Enten unterlegen, die Eier sind schon zu weit bebrütet. Das passt nicht mehr", wendete Mama ein. „Und wenn wir einen Puter drauf setzten? Siegfried hat doch mal erzählt, das geht", machte ich scherzhaft den Vorschlag. „Das ist doch Blödsinn, das geht nie! Sonst hätten die Hähne schon längst damit angefangen", entgegnete meine Schwester und schüttelte mit dem Kopf. „Wir können es doch ausprobieren. Warum sollte das nicht gehen? Siegfried hat gesagt, wir sollen ihm Schabau geben. Wir können ihn doch in eine Karnickelbox einsperren, da wird er nicht gestört", sagte ich vorlaut. Wir drei saßen einige Minuten stillschweigend am Tisch und überlegten. „Mama, mehr wie das der Puter blau wird, kann nicht passieren", platzte es aus mir wieder heraus und wir mussten alle drei lachen. „Du kommst auf Ideen und wie willst du dem Puter den Schabau verabreichen? Freiwillig trinken wird er ihn mit Sicherheit nicht", fragte Mama neugierig. „Einflößen! Wie sonst?" „Du bist brutal", schimpfte meine Schwester. „Ja, dann bin ich eben brutal", gab ich großkotzig von mir. „Nein lass mal, ich hole die Woche noch ein paar Jungtiere", entschied Mama schließlich und machte eine abwinkende Handbewegung. „Schade", meinte ich enttäuscht.

Mama stand auf und ging der alltäglichen Arbeit nach, während meine Schwester und ich noch etwas über die Angelegenheit philosophierten. Zu einer Entscheidung kamen wir an diesem Tag nicht mehr.

Vier Wochen später hatte Mama noch ein paar junge Puten bekommen. Aus den Eiern, die die eine Pute bebrütet hatte, waren doch noch Tiere geschlüpft. Insgesamt war die Schar der Puten angewachsen und es sah so aus, dass zur Weihnachtszeit viele Tiere schlachtreif würden. Zwei Putendamen hatten munter weiter Eier gelegt. Verkaufen konnte Mama sie allerdings nicht, weil keiner der Kunden sie haben wollte. Die Leute dachten, dass sie nicht so gesund seien wie Hühnereier. Für uns selber waren es mittlerweile zu viele. So viele Puteneier wollten wir nun doch nicht essen.

An einem Nachmittag saßen wir wieder am Esstisch zusammen. „Mama, sollen wir nicht doch mal probieren, ob wir die Truthähne ans Brüten kriegen?", warf ich meinen Geistes-blitz noch mal in die Runde. Mama lachte laut. „Hast du den Gedanken immer noch?" „Ja, warum nicht, lass uns das doch einfach mal ausprobieren. Siegfried hat doch vorige Tage noch mal gesagt, dass das geht." „Du spinnst doch", meinte meine Schwester abfällig. „Müsst ihr euch immer streiten", meckerte Mama. „Wir streiten nicht, ich stelle nur fest", sagte meine Schwester. „Woher willst du denn wissen, dass das nicht geht?", entgegnete ich ihr.

Nach einigen Minuten der Ruhe, es war kein Einwand von meiner Schwester gekommen, äußerte sie stattdessen plötzlich „Dann lass uns das doch probieren. Ich halte den Puter fest und du flößt ihm den Schabau ein. Vielleicht klappt es ja wirklich." „Jetzt wirklich?", fragte ich verdattert und schaute sie verwundert an. „Können wir Mama?", fragte ich schnell. „Ja, los komm. Ich hol die Flasche aus dem Keller und du tust den Puter in die Karnickelbox und flößt es ihm ein. Eier können wir ihm morgen unterlegen." Meine Schwester stand auf, ohne eine Antwort meiner Mutter abzuwarten. „Aber gebt ihm nicht zu viel Schnaps", rief mir Mama noch nach, als ich den Raum verließ. „Nein … ein, zwei, drei Pinnchen müssten reichen", rief ich ihr zu und lief in den Stall. Ich fing einen der

Truthähne ein, obwohl der sich ordentlich wehrte. Irgendwie schaffte ich es und trug ihn Richtung Karnickelbox. Meine Schwester hielt die Flasche Doppelkorn und ein gefülltes Schnapsglas in den Händen und war startklar. Ich presste den Körper des Puters zwischen meine Beine, sodass er nicht entfliehen konnte. Öffnete mit meinen Fingern seinen Schnabel und meine Schwester flößte ihm tropfend den Alkohol ein. „Schmecken tut ihm das aber nicht", murmelte ich skeptisch. „Jetzt haben wir es angefangen und nun ziehen wir das auch durch", kommentierte sie leicht wütend.

Einiges von dem Schnaps war danebengegangen, aber dennoch hatten wir ihm reichlich einflössen können. Wir steckten den Puter in die Box, verriegelten das Türchen und dunkelten es mit einem Sack noch etwas ab. Der Puter verhielt sich wie erwartet ruhig. Am darauffolgenden Tag flößten wir ihm wieder etwas Schabau ein und legten ihm Eier unter. Jetzt war auch meine Schwester davon überzeugt, dass Truthähne brüten konnten.

Er brütete viele Tage, dann wurde er langsam wieder unruhig. Wir wiederholten das Prozedere und erhöhten vorsichtshalber die Dosis um eine geringe Menge.

Am darauf folgenden Morgen mussten wir leider feststellen, dass der Puter die letzte Nacht nicht überstanden hatte. Die Viertel-Flasche, die wir ihm gegeben hatten, war vermutlich zu viel gewesen.

Schweren Herzens und etwas enttäuscht mussten wir feststellen, dass Truthähne doch nicht brüten konnten!